자매
일기

박소영
박수영 지음

우리는 매일 실망하고 자주 낙담하지만,
그만큼 웃기도 하고 또 가끔은 숨이 넘어가도록
깔깔거리기도 한다는 것을.

자매
일기

자매
일기

여는 글					소0●

"작가님 동생도 지금 제주도에 와 있나요?"

동물권을 주제로 제주도에 있는 고등학교에서 강연을 하던 중 한 학생에게 이런 질문을 받았다. 무슨 뜻인지 곧바로 이해하지 못한 내가 되묻자 그가 웃으며 대답했다. "아, 두 분이 항상 같이 다니시는 것 같아서요. 자매가 어떻게 그렇게 친한지 신기해요!" 동생은 지금 동네에 있다고 답하는데 나도 모르게 웃음이 새어나왔다.

동물권 에세이 『살리는 일』을 내고 가장 많이 받은 질문은 크게 두 가지였다. 그중 하나는 내 동생 박수영, 혹은 함께 동물 구호 활동을 하는 우리 자매에 관한 것이었다. "동생은 무슨 일을 해요?" "나이 차이는 얼마나 나나요?" "두 분이 싸우지는 않나요?" 같은 질문을 놀라울 정도로 많이 들었다. (물론 책을 읽은 분들 중에서 그렇다는 얘기다.) 내가 책에 동생 이야기를 많이 쓴 것은 사실이지만, 그리고 우리 자매가 조금 각별한 사이긴 하지만 그렇다 해도 특별할 것 없는 자매의 이야기를 이렇게 궁금해하시다니! 그 관심이 감사하면서도 신기했다.

두 번째 질문은 우리의 생활에 관한 것으로, 주로 책을 읽고 가슴이 답답해진 분들이 우리 자매의 안위를 걱정하며 물으신다. "두 분 힘들지 않으세요?" "고생이 많으시네요." "고양이들 돌보는 것도 좋지만 건강도 잘 챙기셔야겠어요." 인터넷에 올라온 독서 후기 중에도 우리 자매를 함께 언급한 것이 꽤 자주 눈에 띄었다. 한번은 『살리는 일』의 교열을 담당한 선배와 점심 식사를 하는데 선배가 말했다. "사실 소영씨도 소영씨지만 동생에게도 밥 한끼 꼭 사고 싶었다"고. 더 정확히는 "챙겨 먹이고 싶었다"고.

이쯤 되니 써봐야겠다는 생각이 들었다. 나와 수영에 대해, 우리 자매의 정신없고 뒤죽박죽인 일상에 대해. 책을 읽은 분들이 짐작하시는 것처럼 우리의 하루가 그렇게 고되고 슬프기만 한 것은 아니라는 것을 보여드리고 싶었다. 우리는 매일 실망하고 자주 낙담하지만, 그만큼 웃기도 하고 또 가끔은 숨이 넘어가도록 깔깔거리기도 한다는 것을.

『살리는 일』을 읽지 않은 독자에게는 이 책이 더 편하게 가닿을 것이란 개인적인 기대도 있다. 그 시절 나는 진심이 아닌 것은 단 한 줄도 쓰지 않았지만 그때 했던 생각들 중 어떤 것에서는 꽤 멀리 떠나왔으므로. 여기에 대해서는 언젠가 다른 책에서 이야기할 기회가 있을 것이다.

수영과 함께 책을 내니 마음이 한결 가볍다. 내 글을 기쁘게 읽지 못할 분들도, 어쩌면 그런 분들일수록 수영의 글과는 더 크게 공명할 수 있지 않을까 싶어서다. 다만 한 편 정도는 통할 수 있기를, 그렇게 같은 방향을 바라보며 흘러갈 수 있기를 희망한다.

- 2024년 봄, 박소영

CONTENTS.　　　자매
　　　　　　　　일기

여는 글　　　　　　　　　　　　　　　　　　　005

CHAPTER 1.

엉덩이를 부탁해　　　　　　　　　　　　　　013
한 아이를 키우려면 온 행성이 필요하다　　　　021
아시온　　　　　　　　　　　　　　　　　　　027
우리가 전화 연기의 달인이 된 사연　　　　　　037
미국인 언니　　　　　　　　　　　　　　　　　045
논쟁을 즐기는 변론가　　　　　　　　　　　　　059
친애하는 나의 집에게 1　　　　　　　　　　　　065
친애하는 나의 집에게 2　　　　　　　　　　　　077
영화 <자매>, 그 뒷이야기　　　　　　　　　　　087

CHAPTER 2.

콜 미 바이 마이 네임 095

세계의 갱신을 위한 낯설게 하기 103

내가 <점심시간>을 찍을 수 없게 된 이유 109

눈(Eye) 119

길 위에서 125

어느 예술-애호-자매의 변심기 135

모자가 낡으려면 143

여전히 음악을 듣지만 151

카메라를 멈추면 안 돼 159

보고 싶다 보고 싶지 않다 165

닫는 글 173
추천의 말 176

CHAPTER 1. **자매
일기**

소0●

수0●●

엉덩이를 부탁해

수0●●

　과거 박소영과 나 사이엔 체질 차이가 있었다. 어려서부터 더위를 잘 타지 않았던 나는 유독 추위에 약했고, 박소영은 추위보다 더위를 못 견뎌 했다. 여름은 내게 상대적으로 수월한 계절이었다. 나는 한여름에도 햇볕을 쬐며 "따뜻하다" 말했고 긴팔 셔츠를 즐겨 입었다. 그런데 길고양이 돌보미가 된 이후로는 사정이 달라졌다. 여름을 감당하는 게 매 순간 힘에 부친다. 급식소 한 곳만 정비해도 땀이 폭포수처럼 쏟아져서 하루 끝엔 기진맥진해 나동그라지기 바쁘다.
　그럼에도 푹푹 찌는 여름날, 참기 힘들 정도의 더위가 느껴질 때면 생각했다. 내가 뙤약볕을 거부할 수 있는 '축복받은' '인간'이라는 사실을. 나는 더위를 피할 곳이 많다. 한여름에도 대형 마트나 백화점 같은 공간은 늘 시원하니까. 넓고 쾌적한 공간은 어떤 계절에 유독 폭력적이다. 기업이 광활한 공간을 시원한 공기로 채우면 열기는 고스란히 바깥에 있는 이들의 몫이 되고 만다. 그들이 뿜어낸 열기가 곧장 취약 계층과 야외 현장 노동자 그리고 억압받는 동물들을 향할 거라고 생각하자 기업이 '제공한' 시원함에 몸서리쳐졌다. 이런 생각이 극단으로 치달을 때면 더울 때 덥다는 말을, 추울 때 춥다는 말을 너무 쉽게 해버리는 사람들로부터 거리를 두고 싶어지기도 했다.

박소영과 나는 이런 식의 불평등한 여름에 반기를 들기로 했다. 에어컨을 안 써보기로 한 것이다. 그런데 동물 식구가 여덟이나 살고 있는 집에서는 이 계획을 실행에 옮길 수 없었다. 사람과 달리 피부에 땀샘이 없는 고양이는 더위를 극심하게 느끼며, 폭염일 때는 실내 온도가 바깥 온도보다 더 높이 올라가기 때문에 우리의 결심은 동물들과는 무관한 것이어야 했다. 우리는 집 안 온도를 적당하게 유지하는 대신 집 밖에서 더 엄격해지기로 했다. 여름엔 자가용 이용을 최소화하고 차를 꼭 타야 한다면 에어컨을 틀지 않기로 한다. 여유를 가지고 천천히 걷고 시원한 물을 자주 마시자. 그렇게 하면 괜찮을 것이다.

하지만… 급식소를 정비하러 가면 생각은 바로 달라진다. 나는 순식간에 뙤약볕을 거부할 수 없는 '축복받지 못한' '돌보미'가 된다. (간사한데?) 바깥에서만큼은 억지로 시원해지지 않기로 한 우리 자매의 결심을 더위는 자주 비웃었다. 불행 중 다행인 것은 여름엔 여름휴가가 있다는 사실. 박소영의 여름휴가 동안 우리는 급식소를 나눠서 관리하곤 하는데, 그렇게 하면 소요 시간이 꽤 단축되기 때문에 더울 때 효율적이다.

급식소에 도착도 하기 전에 온몸이 흥건해졌다. 내 몸은 이제 모기들의 것. 한 방이라도 덜 물리겠다고 손을 휘휘 젓고 입김을 후후 불어보지만 정리하는 시간만 늘어날 뿐 아무 소용이 없다. 그때부터 나는 여름을 여름으로 대하지 못한다. 여름을 다른 계절과 비교하기 시작한다. 여름이 왜 있는지 모르겠다며, 여름을 헐뜯고 증오한다.

각자 맡은 급식소를 정비하고 만났을 때 박소영은 나와 같은 이유로 치를 떨고 있었다. 출발할 때는 분명 "안 더우면 여름이냐, 갔다 오마" 호기롭게 손을 흔들며 인사했건만, 돌아온 얼굴은 눈에 띄게 수척해져 있다. 팔다리는 모기 물린 자국으로 올록볼록 가관이다. 위로를 건네려는 찰나, 박소영은 도리어 내 몰골을 비웃기 시작한다. "너 왜 30분 만에 늙었어?" "너도." 30분의 세월을 정통으로 맞은 우리는 서로의 얼굴을 구경하다가 푸하학! 웃음이 터진다.

이상하게 올여름부터 귀에서도 땀이 난다는 내 말에, 박소영은 젖은 바지를 가리키며 본인은 지금 오줌을 싼 상태와 다름없다고 맞받아친다. 나는 (질 수 없지!) 굳이 한 바퀴 돌아서 온몸이 오줌임을 증명한다. 땀 자랑에 재미가 들린 나는 조금 전 급식소 앞에 앉아 모기를 쫓는다고 했던 움직임들을 재연한다. 박소영은 웃다가 아예 바닥에 주저앉는다. 더운 날 박소영의 웃음은 늘 과도하지만 한바탕 웃(기)고 나면 다음 밥자리로 향할 힘이 생긴다. 이제 출발하기만 하면 되는데, 박소영이 갑자기 정색하더니 입을 연다. "빨리 좀 가자. 네가 이러니까 맨날 늦지." 다행 중 불행은 여름엔 여름휴가가 있다는 사실.

싸움이 시작된다.

놀라운 건 이 과정이 매일 반복된다는 것이다. 땀을 쏟고 나면 안 웃긴 말에도 웃음이 터지고, 아무 이유 없이 화가 나기도 한다. 어떨 땐 웃기다는 사실에도 막 화가 난다. 여름은 몸에 있는 무언가를 마구잡이로 분출하게 하는 힘이 있다. 우리는 하루에도 수십 번씩 땀과 웃음과 분노를 줄줄 흘리고 또 닦았다.

더위로 인한 싸움은 몇 년 전 파주 가는 길 위에서 가장 빈번하게 발생했다. 구조한 개들을 만나러 아카데미[1]

에 가려면 준비를 단단히 해야 한다. (에어컨 바람이 없는 차 안에서 싸움이 나면…) 짜증 방지용 얼음물, 분노 방지용 아이스 아메리카노. 배가 고프면 감정이 더 격해질 수 있으니 먹을거리도 다양하게 챙긴다. (이쯤 되면 그냥 에어컨을 켜는 게…) 늘 그렇듯 처음엔 밝은 레퍼토리로 시작한다. 서로의 감정을 건드리지 않겠다는 의지의 표현 같은 것이다. 하늘이 맑아 여행가는 기분이라는 둥, 지난주보다 확실히 덜 덥다는 둥, 신나는 노래를 듣자는 둥. 하지만 이런 노력은 얼마 못 가 녹아내리고, 금세 옷이 젖기 시작한다. 자유로에 들어서기도 전에 이미 서부 간선 도로 위에서 대화가 짧아진다. 불길한 기운이 엄습한다. 먹을 걸 준비하느라 마음의 준비를 제대로 못한 탓인가.

한참을 가다가 박소영이 "도저히 안 되겠어, 한 번만 켜자" 하고는 에어컨 버튼을 누른다. 나는 "이미 달궈져서 켜 봤자야!" 하고 다시 버튼을. "너는 더위를 안 타서 모르겠지만, 나는 지금 진.짜.로. 죽을 것 같거든?" 버튼. "나도 체질이 바뀌어서 죽을 것 같지만 참고 있다고!" 버튼. 버튼. 버튼.

싸움이 시작된다.

1) 우리가 구조한 개들은 가족을 만날 때까지 이곳에서 지내며 해외 입양을 가기 위한 생활 훈련(대인 훈련, 기내 적응 훈련 등)을 받았다.

나는 박소영을 갓길에 내버리고 싶은 충동을 느낀다. 하지만 그러고 나면 다섯 개들의 산책이 모두 내 몫이라, 정체 구간만 지나면 바로 끄기로 합의하고 잠시 에어컨을 켠다. 알량한 시원함을 느끼다 보면 어느새 우리는 자동으로 화해가 돼 있다. 박소영은 이때다 하고 엉덩이를 들어 땀에 젖은 바지를 말린다. 나는 운전 중이라 엉덩이를 들 수도 없다고 말하며 내가 이 계획의 더 큰 피해자(?)임을 강조하는 것을 빼먹지 않는다. 달리다 보면 종종 창문을 내리고 가는 차들을 만난다. 에어컨을 켜지 않은 운전자를 발견하면 동지라도 만난 듯 마음이 훈훈해진다. 우리가 잠시 에어컨을 끈다고 누군가 시원해졌을 리는 없지만, 적어도 더 더워지진 않았겠지. 위로까지 마치면 어느덧 파주다.

박소영이 차에서 내릴 때마다 하는 말이 있다. "나 엉덩이 너무 심각한지 좀 봐줘. 땀 자국 많이 티 나면 말해." 박소영이 엉덩이 뒤로 손을 휘휘 저으며 걸어가면 나는 "괜찮아!" 하고 외친다. 우리가 도착한 걸 벌써 알아챘는지 개들의 목소리가 우렁차다. 다리가 빨라진다.

그나저나 내 엉덩이는?

..

한 아이를 키우려면 온 행성이 필요하다 소0●

　회사 선배들과 점심을 먹는데 결혼과 출산에 대한 이야기가 나왔다. 나를 제외한 세 사람 모두 기혼자였고, 그중 두 사람에게는 어린 자녀가 있었다. 가장 연장자인 선배가 말했다. "자식을 안 낳는 건 좋은데, 그럼 그 사람이 미래에 받을 연금을 다른 누군가의 자식이 감당해야 하는 거잖아. 좀 이기적인 것 아닌가? 출산을 하지 않는 사람은 세금을 더 내도록 해야 한다고 생각해."

　나를 겨냥한 발언은 물론 아니었지만, 저 말에 동의할 수도 그렇다고 못 들은 척할 수도 없어서 난감했다. 내 생각을 입 밖으로 낼 것인가 말 것인가 잠시 망설였다. 다른 두 선배의 동의하는 듯한 침묵이 끝내 입을 열게 했다.

"저는 범위를 조금 넓혀서 볼 필요도 있을 것 같아요. 국가적으로 말고 행성적으로요. 아이를 낳는다는 건 앞으로 자원을 어마어마하게 소모하게 된다는 건데, 지금 같은 기후 위기 시대의 출산이라면 좀 다른 기준으로 생각해야 하지 않을까요?"

농담처럼 말했지만 사실 내 진심이기도 하다. 지구의 수명이 10년밖에 남지 않았다고 과학자들이 공공연히 이야기하는 시대, 앞으로를 장담할 수도 전망할 수도 없는 시대. 그렇다면 출산 역시 그런 시대의 기준에 맞게 논의해야 하는 것 아닌지?

아이 한 명이 태어난다고 가정해보자. 자라며 먹을 음식, 입을 옷, 씻을 때 들어가는 물, 춥고 더울 때 쓸 연료 등 생의 모든 순간이 자원 소모와 연결된다. 그가 고기를 먹는다면 많은 양의 온실가스를 일상적으로 배출하게 될 것이다. 가축을 사육하고 그 가축에게 먹일 곡식을 키우느라 어마어마한 넓이의 땅 역시 황폐해질 것이다. 자동차나 비행기를 타는 데까지 가지 않아도, 휴대폰으로 동영상을 시청하기만 해도 아이는 탄소를 배출하게 된다.

그러니 한 아이를 키우려면 온 동네가 필요하다는 말은 더 이상 맞지 않을지도 모른다. 이제는 한 아이를 키우려면 온 행성이 필요한 시대다. 자원 사용은 지구 곳곳에 영향을 미치고, 당연히 이것은 오염과도 무관하지 않으니까. 그렇다면 아이를 키우는 가정이 오히려 더 많은 세금을 내야 하는 건 아닐까.

이렇게 말하면 조금 과하게 들릴지도 모르지만 언제부턴가 내 몫의 무언가를 '내어놓는' 행위에 거부감 비슷한 것을 품게 됐다. 아침에 눈을 떠서부터 밤에 잠들 때까지 나는 무언가를 끊임없이 방출하거나 소모하고 있으니까. 내 머릿속 지도에서는 내가 가는 모든 곳이 텅 비어지고 오염된다. 우리 삶은 그렇게 착취 혹은 황폐화라는 방식으로 이 행성과 연결된다. 나는 되도록 작게 존재하고 싶다. 있는 듯 없는 듯 조용히 살다가 조용히 저물고 싶다. 최소한의 흔적만을 남기면서. 존재론적 미니멀리즘을 추구하면서.

동물의 몸은 물론 탄소 발자국이 큰 채소 역시 먹지 않으려 하고, 배출하는 쓰레기도 줄이려는 것은 그 때문이다. 에어컨을 켜는 것에도 민감한 편이어서 수영과 나 둘만 있는 자동차에서는 웬만해서 틀지 않는다. 최근 우리가 가장 잘 지키고 있는 것은 '해외여행 가지 않기'와 '물건 사지 않기'다. 동네 고양이들을 돌보면서는 해외에 나가고 싶어도 그럴 수 없기 때문에 비자발적 유폐 상태에 처하게 됐다. (다행이다.) 이런 연쇄에 놓이다 보니 나 아닌 다른 사람을(!)

세상에 내어놓는 행위가 어떤 변화를 몰고 올지 상상이 잘 되지 않는 것이다. 아니, 너무 잘 되는 것이다. 그러니 지금의 나와 수영에게 출산/출생은 우리가 추구하는 가치에 반하는 것이나 다름없다.

결혼도 마찬가지다. 서른을 넘기면서부터는 결혼에 대한 생각이 머릿속에서 자취를 감추다시피 했을 정도로 나는 결혼에 무관심한 사람이 되었는데, 제도 자체에 결연히 반대한다기보다는 이해되지 않는 측면이 컸기 때문이다. 우리 사회에서 결혼이란 원가족과 떨어져 다른 사람-'반대 성별'을 가진-과 새로운 가정을 만드는 것을 뜻하는데, 이런 공식을 왜 따라야 하는지 납득할 수 없었다. 원가족과 꼭 분리되어야 하나? 지금 함께 살고 있는 사람과의 궁합이 나쁘지 않다면? 집을 나가 새로운 보금자리를 찾는 것이 성숙의 지표처럼 여겨지는 이유는 무엇인지?

서로 마음이 통하고 화합할 줄 아는 것이 동거(인)의 조건이라면 수영과 나는 세상 어느 커플보다 이상적인 조합에 가깝다. 우리는 삶을 살아가는 데 있어 중요하다고 혹은 중요하지 않다고 여기는 것이 대부분 일치하고, 필요한 분야에서 의미 있는 대화를 나눌 수 있으며, 상대가 가는 길을 진심을 다해 응원한다. 더욱이 서로가 원하기만 한다면 함께 사는 데 별다른 수고를 들이지 않아도 된다.

그러나 우리 사회는 성인이 된 자매가 한 집에 사는 것을 고운 눈으로 보지 않는다. 나이 든 자매가 함께 산다면 그건 둘 모두 패배자라는 증거이며, 패배의 요인이 유전자에 있다는 뜻이 된다. (여기까지 쓰고 보니, 우리 사회가 생물학적 여성과 남성 간 결혼을 장려하는 것은 오로지 재생산 때문이라는 사실이 피부로 느껴진다.)

우리 자매는 세상이 규정하고 강요하는 것들을 조용히 밀어내기로 했다. 서로 마음만 맞는다면 형제나 남매, 삼촌과 조카, 회사 동료 간이라도 함께 살지 못할 까닭이 없으며, 반드시 두 사람이어야 할 이유도 없다. 당연히 인간을 낳아 길러야 한다고도 생각하지 않는다. 도움이 필요한 인간·비인간의 자매로, 때로는 보호자로 우리는 그렇게 살기를 원한다. 그 방향으로 걸으며 이 사회의 견고한 가족주의를 조금이나마 허물 수 있다면 더할 나위 없겠다.

아시온

수０●●

    아빠는 사업이 한 차례 더 위기를 맞은 뒤 집밖으로 잘 나가지 않았다. 나도 오래 하던 아르바이트를 막 그만둔 참이라, 엄마와 언니가 출근하고 나면 아빠와 단둘이 집에 있어야 했다. 아빠하고는 늘 친구처럼 지냈지만 그해 여름은 달랐다. 종일 같은 집에 있는데도 마주칠 일이 없었다. 우리는 영화를 보면서 시간을 때웠다. 물론 아빠는 안방, 나는 거실에서. 대화라고 해봤자 "아빠, 빵 먹을래?" "아니" 정도가 전부였다. 아빠는 가끔 방에서 나오면 커피를 마시거나 옥상에 올라가 담배를 태웠고 밥은 거의 먹지 않았다. 나는 잠깐인데도 그 순간이 못 견디게 싫었다. 아빠가 밥을 안 먹는 것도 싫었고 먹는 것도 싫었다. 시종 상심한 듯한 표정도 싫었는데, 만약 아빠가 웃었다면 그건 견딜 수 있었을까. 나는 더위를 잘 타지 않는 체질이었지만 아빠만 보면 몸속에서 뜨거운 무언가가 올라왔다. 아빠는 여름을 함께 보내기엔 잘못이 너무 많은 사람이었다. "언제까지 미래가 불투명한 사업에 연연하고 있을 거냐"고 한바탕 성질 내고 집을 나왔는데 갈 곳이 없었다. 돈은 벌기가 무섭게 사방으로 흩어졌고, 어떤 날엔 차비조차 없었다. 그런 날이면 사람이 없는 길만 찾아 걷다가 엄마와 언니가 퇴근할 무렵에 맞춰 집으로 돌아갔다. 우리집에서 일어나는 모든 일의 혐의가 아빠에게 있다고 원망하면서.

운전을 못 하는 박소영이 차를 산 건 순전히 나 때문이었다. 외진 곳에서 촬영이 진행되면 이동이 늘 문제였다. 기차나 버스를 타고도 갈 수 없는 곳은 택시를 타야 했지만 그런 곳에선 택시를 잡는 것도 쉽지 않았다. 박소영은 "이동 중에 진을 다 빼서 되겠느냐"며 차를 사자고 제안했다. 자동차의 이름은 '아시온'이었다. 사촌 동생이 어릴 적 본인의 장난감 자동차에 붙인 이름. 박소영과 나는 다섯 살 사촌 동생의 작명 실력에 감탄하다가 우리의 작고 까만 자동차에도 그 이름을 붙였다.

자동차는 생겼지만 정작 일이 없었다. 아시온은 아빠로부터 도망치는 수단으로 더 많이 쓰였다. 그래도 괜찮았다. 마땅히 갈 곳이 없어도 그저 운전석에 앉아 있는 것만으로 집으로부터 멀어진 기분이 들어서 좋았으니까. 말하자면 아시온은 이동 수단이라기보다 나만의 독립 공간인 셈이었다. 아빠도 내가 밖으로 나가면 조금은 자유로운 눈치였다. 같이 있을 땐 그대로였던 빵이나 바나나가 외출했다 들어가서 보면 조금 줄어 있었다. 잘못은 분명 아빠가 했는데 나쁜 사람은 언제나 나였다. 그럴 때마다 억울하고 분해서 눈물이 났다. 나는 돈이 생기면 모든 일을 제쳐 두고 차에 기름부터 넣었다. 만 원, 어떤 날은 이만 원.

주유를 마치면 여의도로 출발했다. 당시 정치부 소속이던 박소영은 교통편이 좋지 않은 국회로 출퇴근하느라 집으로 돌아오면 씻지도 못한 채 쓰러져 잠들기 일쑤였다. 나는 자처해서 2년 가까이 박소영의 출퇴근 전용 기사가 되었는데, 아시온이 정작 변변한 돈벌이도 없는 내 차지라는 사실에 마음이 쓰였기 때문이다. 나는 박소영이 퇴근하기 한참 전인 오후 네다섯 시만 되면 먹을거리를 간단히 챙겨 집을 나섰다. 주차 단속이 없는 곳에 아시온을 숨겨두고 한강으로 내려가려고. 강이 흐르는 방향을 따라 걷다 보면 나도 같이 흐르는 기분이 들곤 했다. 그렇게 한참을 강이 된 것처럼 걷고 있으면 온몸에 가득한 울분의 농도가 조금씩 옅어지는 것도 같았다. 잔잔한 강은 나에게 호의적이었지만 강 건너편은 달랐다. 늘 나를 들쑤시려고 안달했다. 강 건너 빼곡한 아파트들만 보고 있으면 심사가 뒤틀렸다. 그곳에 사는 사람들에게 질투가 났고, 그럴수록 아빠가 미워서 견딜 수가 없었다. 저기 저렇게 많은 아파트가 있는데 아빠는 어째서 저 흔한 것 하나 가지지 못했을까. 우리 가족이 쉬지 않고 번 돈은 다 어디로 간 걸까. 그땐 정말로 그게 아빠만의 잘못인 줄 알았다.

곧 퇴근한다는 박소영의 메시지가 도착하면 나는 빠른 걸음으로 온 길을 되돌아가며 흘려보낸 울분을 회수했다. 울분은 곧 제자리로 돌아왔지만 잠시 내려놨다 짊어지면 그날 저녁은 그럭저럭 견딜 만했다. 백미러에 박소영의 모습이 비치면 나는 재지팩트의 <Smoking dreams>를 틀었다. 차 문을 열었을 때 노래가 담배 연기처럼 새어나가면 박소영은 우스꽝스러운 몸짓으로 환호했다. 그 장면만 본다면 아무도 우리 자매의 처지를 상상할 수 없을 테지. 박소영이 퉁퉁 부은 발을 신발에서 꺼내면 나는 챙겨간 간식을 내밀었다. 허기를 면한 박소영의 얼굴에 여유가 생기는 걸 보면 나는 잠깐이지만 퍽 쓸모 있는 사람이 된 기분이었다. 내가 잘하는 건 돈이 되지도 누굴 돕지도 못하는 무용한 것뿐이었는데, 운전은 분명 그것들과는 다른 아주 실용적인 능력이었다. 아시온은 내가 필요한 사람이 되도록 돕고 있었다.

아시온은 나에게 확장된 공간이면서 동시에 길어진 시간이기도 했다. 나는 밤이 되면 정신이 맑아지는 통에 할 일이 많았다. 영화 보고 일기 쓰고. 해가 뜨면 잠들고 일어나면 다시 밤이었다. 바람을 쐬고 싶거나 극장에 가고 싶은 날에도 뭘 좀 하려고 들면 금세 밤이 깊어져서 집 앞 놀이터에 나가 줄넘기나 하다 돌아올 뿐이었다. 어떤 장소는 시간에 따라 주인이 바뀌는데, 바깥 공간은 왜소한 여성인 나에게 새벽을 허락하지 않았다. 물론 이건 아시온이 없을 때의 이야기. 아시온과 함께라면 맨몸으로는 결코 혼자 다닐 수 없는 곳들을 자유롭게 누빌 수 있었다. 경계하고 살피느라 볼 수 없었던 새벽의 얼굴이 차창 너머로 느리게 지나갔다. 새벽에 출근하는 박소영이 긴장하며 택시를 탈 필요도 없었고, 택시에서 무사히 내려 회사에 잘 도착했다는 메시지를 보내올 때까지 엄마가 잠을 설칠 필요도 없었다. 심야 영화도 마음만 먹으면 보러 갈 수 있었다. 자다 일어난 차림으로 세수도 하지 않고 극장에 다녀올 때면 아시온이 꼭 집에서 극장으로 통하는 나만의 비밀 통로 같았다. 조그만 자동차는 박소영과 나에게 전에 없던 일탈이고 위로였다.

문제는 나였다. 나는 위험할 정도로 아시온에 의존하기 시작했다. 초등학생 때 진단받은 신경성 위염은 성인이 된 이후에도 나를 끈질기게 따라다녔다. 마음을 다스려야 나을 수 있는 병이었지만, 내게 심리적 안정을 찾는 일은 평생 밖에 나가서 아무것도 안 먹고 사는 것보다 어려운 과제였다. 약을 먹어서 해결되는 증상이 아니라는 걸 알면서도 외출할 때 소화제와 안정제부터 가방에 챙겨 넣었다. 나는 내게 이런 증상이 있다는 것에 묘한 수치심 같은 걸 느꼈다. 밥 약속을 피하고 싶어 스트레스성 위장 장애가 있다고 말한 적도 있었지만, 대부분의 사람들은 음식이 얹혀 토하는 육체적 증상만을 떠올렸는지 대수롭지 않아 했다. '스트레스성'에 초점을 맞춰 들은 사람들은 대체로 나를 없는 병도 만들어 앓는 엄살쟁이로 여겼다. 내가 거기다 대고 증상이 심한 날은 이성이 마비되고 호흡 곤란이 와서 죽음의 공포를 느낀다고 말할 수도 없는 노릇이라, 식사 중에 위기가 찾아오면 조용히 빠져나와 소화제를 입속에 털어 넣을 뿐이었다.

약을 먹어도 호전의 기미가 보이지 않으면 나는 극도로 위축되고 예민해졌다. 어떤 날은 지하철을 타고 가다가 아무 역에서 뛰쳐나와 모르는 사람을 붙잡고 도와달라며 울었다. 또 어떤 날은 가까운 약국을 찾아 들어가 맥없이 주저앉았다가 응급실에 실려가기도 했다. 그런 기억들이 나를 집에만 머무르도록 종용했다. 놀라운 건 아시온과 함께 다니면서 이런 증상들이 거짓말처럼 사라졌다는 사실이다. 아시온만 있으면 어디서든 마음 편히 아플 수 있었다. 속이 메스껍다면 아무데서나 차를 세우면 된다고, 숨이 답답하면 옆 사람을 의식하지 않고 헉헉 몰아쉬어도 된다고 생각하면 어딜 가도 불안하지 않았다. 나를 15년 넘게 일방적으로 괴롭히던 상대가 불시에 사라졌다. 나는 겁 없이 나갔고 겁 없이 먹었다. 물론 그러기 위해선 어딜 가든 아시온과 함께여야 했다. 아무리 가까운 곳이라도.

2023년 1월 말 아시온을 팔았다. 박소영과 오랜 고민 끝에 내린 결정이었다. 위기의 동물들을 구조하면서 늘 빠듯한 생활을 이어오고 있었지만 그때처럼 심각한 적은 없었다. 유기묘 '뿌리'가 모르는 아저씨를 따라가겠다며 차도로 내려갔고, 서늘해진 공기에 본가에 있는 고양이 '접이'의 건강 상태는 급격히 나빠졌다. 그 무렵 우리집 고양이 '순이'의 소장에서 종양이 발견됐고, 아기 고양이 '겨자'는 지나가는 사람들의 발에 차이면서도 지하철역 앞을 사방팔방으로 뛰어다녔다. 아시온을 팔기로 한 건 사실상 불가피한 선택이었다.

"아시온을 보내도 괜찮을까?" 박소영이 물었다. 나는 망설임 없이 그렇다고 답했지만 사실 그건 진심이면서 진심이 아니었다. 나는 아시온이 없는 나를 상상조차 할 수 없었다. 아시온만 보면 심장이 요동쳤다. 내가 무슨 짓을 하려는 건가 싶어서. 결정을 번복하려고 박소영과 여러 번 머리를 이리저리 굴려봤지만 뾰족한 수가 없었다. 아시온을 보내기 전날 밤, 박소영과 나는 아시온에 실어두었던 짐들을 세 시간에 걸쳐 모두 비웠다. 사료 포대, 여분의 길고양이 겨울집, 이동장과 포획틀이 빠져나간 자리엔 사료 알갱이와 흙먼지가 수북이 쌓여 있었다. 아시온을 애지중지하느라 매일 저녁 쓸고 닦고, 기계 세차는 절대 안 한다며 추운 날에도 손 세차장을 찾아가 구석구석 꼼꼼히 닦아주던 시절이 있었는데. 동물들을 구조한다고 분투하는 동안 아시온은 만신창이가 돼 있었다. 아시온의 손을 꼭 잡았다. 운전할 때마다 핸들 아랫부분을 잡는 버릇 때문에 하얗게 닳아버린 그곳이 나는 꼭 아시온의 맨손 같았다. 나는 아시온의 손을 붙잡고 7년 반 동안 우리가 함께 해낸 일들을 하나씩 이야기했다.

아시온을 보낸 지 3개월이 조금 넘었다. 접이를 만나러 본가에 다녀오거나 동물병원에 다녀온 걸 제외하면 차를 타지 않았고, 걸어서 이동할 수 있는 곳만 다녔다. 박소영이 연극을 보러 가자고, 전시를 보러 가라고 부추기고 있지만 나는 아직 나갈 준비가 안 됐다고 느낀다. 아시온의 부재가 실감날까봐? 다시 신경성 위염으로 힘들어질까봐? 아니면 포획틀을 실은 아시온 없이 구조가 필요한 동물을 마주치게 될까봐? 모르겠다. 나는 이미 아시온 없이도 건강한 사람일 수도 있고, 어쩌면 아닐 수도 있다. 아직은 그게 어느 쪽이든 기쁘지 않을 것 같아서, 가능하다면 조금 더 동네에만 머무르고 싶다.

 아시온, 잘 달리고 있니?

우리가 전화 연기의 달인이 된 사연   소0

"여보세요. 안녕하세요! 박소영 기자인데요. 제가 아까 보내 드린 이메일 혹시 받으셨나요? 저희 데스크와 상의해 봤는데…."

이렇게 시작하는 통화를 혹시 누군가 듣는다면, 내가 퇴근 후에도 무척 열심히 일하는 사람인 줄 알 것이다. 그러나 이 통화에는 상대가 없다. 그러니까 나는 지금 휴대폰을 귀에 대고 전화 통화를 하는 척, 연기를 하고 있다.

동네 고양이들에게 밥을 챙겨주면서 회사 앞 벤치 근처나 골목 구석에 서 있는 일이 잦아졌다. 그 시간은 대체로 고양이들이 밥을 먹는 동안 주위를 (대신) 살피거나, 사람들이 지나가지 않는 틈을 타 식기에 사료를 채우려고 대기하는 시간이다. 전자는 어디선가 튀어나온 사람이 밥 먹는 고양이를 놀라게 하거나 쫓는 일이 생기지 않도록 하려는 것이고, 후자는 되도록이면 사람들이 고양이 밥 있는 곳을 모르게 하려는 것이다.

초보 돌보미 시절, 나는 사료를 채울 적당한 타이밍을 기다릴 때 멀뚱히 서 있거나 좌우를 두리번거리기 일쑤였다. 사람이 많이 오가는 곳은 유동 인구가 줄어드는 순간이 몹시 드물어서 재빨리 움직이지 않으면 타이밍을 놓치기 십상이다. (애초에 이런 곳에 밥을 놓지 않을 수 있다면 좋겠지만.) 쉽사리 오지 않는 기회를 잡으려면 항상 정신을 집중하고 있어야 한다.

이런 상황에서 깨달은 것은 세상이 아무것도 하지 않고 멍하니 서 있는 사람을 견디지 못한다는 것. 내가 위협적인 행동을 하거나 요상한 표정을 짓고 있는 것도 아닐 텐데, 그저 한구석에 가만히 서 있다는 사실만으로 사람들은 나를 요주의 인물로 간주했다. 반사회적 범죄자라도 본 양 내 얼굴을 흘끗거리기도 한다. 내 말이 믿기지 않는다면 지금 당장 거리로 나가 한자리에 30초만 서 있어 보시길. 세상이 당신을 불편하게 여긴다는 것을 곧바로 느낄 수 있을 것이다.

빠르게 지나치는 사람들 사이에 서 있으면 세상의 속

도를 실감하게 된다. 사람들은 저마다 자신의 세계에 갇힌 채 앞으로 돌진하거나 휴대폰을 보며 여기 아닌 다른 곳을 탐한다. 목표 지향적인 세상에서 배회는 다름 아닌 낙오자의 증거. 바쁘게 움직이는 대열에서 이탈하는 즉시 다른 종자라는 의심을 받는다. 그러니 제자리걸음을 하거나 대오에서 빠져나가 거리를 두는 일은 그 자체로 저항이고 반항일 수밖에 없다. 거리감은 관조로 이어지고, 관조는 성찰을 만들어 내니까.

수상한 사람처럼 보이지 않으려 맨 처음 우리 자매가 택한 것은 담배였다. 고양이 밥을 놓는 자리 중에는 흡연 구역과 멀지 않은 곳이 꽤 있고, 담배를 손가락 사이에 끼우고 있으면 같은 자리를 오래 지켜도 이상하게 보이지 않았다. 밥을 놓은 자리 근처로 사람들이 다가오면 우리는 쥐고 있던 담배에 불을 붙였다. 그것으로 부족할 때면 담배를 입에 가져다 대며 직접 피우는 시늉을 하기도 했다. "이렇게 잡아야 조금 더 자연스럽다"며 상대방의 손 모양을 흉보고, "너는 누가 봐도 겉담배 티가 난다"며 서로의 연기 실력을 비난하다 보면 어느새 밥 줄 타이밍이 왔다.

그러나 우리의 흡연은 오래가지 못했다. 담배 연기가 목구멍으로 잘못 넘어가는 날엔 컥컥대느라 오히려 시선을 끌기 일쑤였고, 무엇보다 고양이 음식을 가까이에 두고

담배를 피우는 게 영 내키지 않았기 때문이다. 그렇게 우리는 '금연'을 선언했다.

고민 끝에 찾은 두 번째 방법은 통화였다. 휴대폰만 손에 쥐고 있으면 누구도 우리를 의심하지 않는다는 사실을 얼마 지나지 않아 깨달은 것이다. 그러니까 휴대폰은 우리가 '평범한 현대인'이라는 표식이었다.

처음에는 서로에게 전화를 걸어 있는 말 없는 말을 마구 쏟아냈다. "여기 ○○○ 밥자리인데 사람이 많아서"로 시작해 영양가 없는 말들을 주고받다가 이때다 싶으면 전화를 끊었다. 홀로 급식소를 정비하러 가는 날이면 수영은 낮이건 밤이건 심지어 내가 회사에 있을 때도 전화를 걸어 "딱 1분만" 말하고 연기에 돌입했다. 취재 중에 전화를 받고 통화 불가를 알린 것도 부지기수다.

시간이 흐르자 우리는 서로가 없어도 진짜처럼 통화할 수 있게 됐다. 나는 평소 내 통화 습관을 돌아보며 내가 수화기 너머로 타인의 목소리를 들을 때 어떤 표정을 짓는지, 시선은 어디를 향하는지 등을 치밀하게(?) 연구했다. 얼마간의 민망함을 참고 견디자, 스스로 만족할 만한 수준의 연기에 도달할 수 있었다. (박정민도 이렇게는 안 할 텐데….) 혼자서도 너끈히 말하고 상상 속 상대방의 목소리를 들으며 상황에 맞는 리액션을 할 수 있게 된 것이다.

그러니까 이 모든 것은 휴대폰 덕분이다… 휴대폰이 우리에게 '문제없는 인간'이라는 표식을 붙여주었으니까. 아무것도 하지 않는 것을 견디지 못하는 사회, 가만함을, 심심함을, 산책을, 배회를, 공상을 견디지 못하는 사회. 우리는 그런 사회에 살고 있으니까.

미국인 언니

수0●●

아시온을 보내고 석 달 만에 생리 불순이 생겼다. 원인은 (모르긴 몰라도) 갑작스러운 체중 증가. 차가 없으면 많이 걸을 테니 살이 빠질 거라 예상했는데 반대였다. 이때다 싶어 집에 눌러앉아 활동량보다 많은 양의 음식을 먹어댄 결과였다. 신제품이 출시될 때마다 주문해 차곡차곡 얼려둔 비건 식품과 갑자기 운전할 일이 생길까봐 사놓고 마시지 못한 맥주들이 보름을 못 가 모두 동났으니 그럴 만도 했다. 생리 불순은 물론이고 먹고 자고를 반복한 탓에 위와 간도 지칠 대로 지친 것 같았다. 자고 일어날 때마다 두통이 있었고, 몸을 누이면 처음 몇 분간은 숨이 가빴다. 마치 이런 증상들이 아니었다면 언제까지고 마음놓고 먹었을 것처럼 말하고 있지만, 사실 나는 그 이전부터 조바심을 느끼고 있었다.

이상 증상보다 먼저 신호를 보내온 건 옆구리 살이었다. 바지 허리춤 위로 볼록 올라온 살들은, 먹는 건 그쯤하고 운동을 시작하라고 틈만 나면 들볶았다. 몸무게가 고작 이삼 킬로그램쯤 늘었을 뿐인데도 그랬다. 더 이상 내게 마른 몸을 강요하는 사람도 없을뿐더러 왜소한 체구는 동물 구호 활동에도 방해만 될 뿐이란 걸 알면서도, 나는 살찐 몸을 견디지 못했다. 그 무렵 웬만해선 거르는 법이 없던 생리가 멈췄다. 나는 이 순간을 기다렸다는 듯 곧바로 군것질을 끊고 운동을 시작했다. 외모를 가꾸는 일에 에너지를 쏟지 않겠다고 선언한 내게 '건강'이라는 표면적 목표는 살을 빼기에 퍽 괜찮은 구실이었다. 일주일쯤 먹는 걸 조절하고 걷는 양을 늘렸는데 이렇다 할 성과가 없었다. 이십 대 때 이 정도 운동만으로도 몸이 제법 가벼워졌던 것 같은데, 운동 효과가 예전 같지 않으니 순간적으로 짜증이 솟았다. 나 자신도 전혀 이해할 수 없는 감정이었다. 실제로 외모 관리에 무감해진 지 오래여서 화장은 물론 로션도 잘 바르지 않았다. 미용실에 가는 것도 불필요하다고 느껴서 몇 달 전부터는 머리도 스스로 자르기 시작했는데, 어째서 살에는 여전히 이렇게까지 민감한 걸까.

나를 오래전부터 봐온 사람이라면, 내가 마른 몸에 연연한다는 사실을 선뜻 믿지 못할 것이다. 어릴 때부터 이어진 잦은 병치레 탓에 몸무게는 늘 평균을 밑돈 데다가 마른 체질인 아빠를 닮아 웬만해선 살이 찌지 않았으니까. 그런데도 나는 항상 더 날씬해지고 싶어 안달했다. 살이 좀 붙어서 보기 좋다는 말을 칭찬으로 듣지 못했고, 오히려 그 말에서 살을 뺄 동력을 얻었다.

다이어트를 처음 시작한 건 2006년이었다. 당시 박소영도 나 못지않게 다이어트에 열중하고 있었고, 우리는 하루의 모든 에너지를 외모 관리에 쏟았다. 대학에 다니고 있던 박소영은 옷에도 엄청난 집착을 보였고, 학교에서 집에 돌아온 순간부터 다음 날 무얼 입을지 고민했다. 같은 옷을 이틀 연속 입으면 무슨 큰일이라도 나는지, 입을 게 마땅치 않은 날은 아예 학교에 가지 않았다. 엄격한 체중 관리를 위해 '칼로리 수첩'도 만들어 들고 다녔는데, 거기엔 바나나 두 개와 두유 한 컵만 먹었다고 적은 날이 허다했다. 엄마와 아빠가 아무리 야단쳐도 박소영은 듣지 않았다. 외모 강박이 어느 정도로 심했느냐면, 집 앞 슈퍼마켓에 갈 때도 반드시 서클 렌즈를 착용했으며 머리를 감지 않은 상태론 배달 온 음식도 받기 싫어서 방으로 숨어버릴 정도였다. 하얀 피부와 날씬한 몸을 향한 과도한 집착이 일단락된 건 박소영이 미국으로 유학을 떠난 뒤였다. 박소영이 미국에서 다니게 될 학교는 교칙이 매우 까다로운 곳이었는데, 그중에서도 의복에 관한 제약이 가장 엄격했다. 색깔이 화려하거나 프린팅이 요란한 옷을 입을 수 없었고, 심지어 여학생은 무릎 밑으로 내려오는 치마만 입어야 했다. 당시만 해도 저런 문제적 교칙에 의문을 품기는커녕 그저 저 벌칙 같은 옷들이 내 차지가 아니라는 상황에 안도할 뿐이었다. 박소영이 저 옷을 입고 1년을 견딜 수 있을지 궁금해하면서.

 엄마와 아빠는 박소영이 미국에 가서도 끼니를 거를까 걱정했다. 음식이 입에 맞지 않아 더 야윌까봐. 그런데 웬걸, 도착 당일 한국으로 돌아가고 싶다고 울먹이던 박소영은 하루 만인 다음 날 통화에서 목소리가 확연히 밝아져 있었다. 이유는 학생 식당이 흡사 패밀리 레스토랑 같다는 것. 이제부터 매일 3000칼로리씩 먹을 작정이라며 씩씩한 각오를 밝혔다. 나는 박소영에게 연락이 올 때마다 고추장이나 컵라면 같은 걸 보내줄지 물었는데 서양식에 최적화된 동양인 박소영은 단호히 사양했다. 몇 달 뒤 박소영이 요구한 건 큰 사이즈의 치마와 티셔츠였다. 살이 많이 쪄서 챙겨 간 옷들이 모두 작아졌다고 했다. 처음엔 그 말들이 모두 장난인 줄 알았는데, 내가 계속 믿지 못하자 박소영이 사진 몇 장을 증거로 보내왔다. 살도 살인데 더 놀라운 것은 박소영의 피부색이었다. 하얀 피부는 플로리다의 햇볕을 혼자서 모조리 흡수한 양 벌겋게 달아올라 있었다. 표정은 또 어찌나 해맑은지. '스트레스를 받아야 마땅한 몸'으로 친구들과 물놀이를 즐기고 있었다. 엄마 아빠는 모니터 속 박소영의 모습을 보자 마음이 놓이는지 한참을 소리 내어 웃었다.

 나는 그때 연극영화과 입시를 준비하던 고3 수험생이었다. 초등학생 때부터 신경성 위염에 시달리느라 제때 자라지 못한 키는 고등학교 1학년 때까지도 조금씩 자랐고, 성장하는 몸은 계속해서 열량 높은 음식을 요구했다. 작은 키가 콤플렉스였던 나는 조금이라도 더 크고 싶은 욕심에 몸이 요구하는 대로 먹었다. 그때 처음 내 몸도 살이 찔 수 있다는 걸 알았다. 가는 곳마다 살을 빼라는 지적을 들었다. 입시 학원에서도 오디션에서도 공통으로 요구하는 건 날씬한 몸이었다. 함께 입시를 준비하던 친구들은 얼굴도 키도 체형도 모두 제각각이었지만, 우리는 몸무게에서만큼은 다름을 생각할 수 없었다. 매일 줄넘기 1500번, 조깅 두 시간, 윗몸 일으키기 300개를 해야만 마음 놓고 잠들 수 있던 때라 물놀이 하는 박소영을 보고 웃음이 나올 리 없었다. 하루 최대 1100칼로리를 먹을 수 있었지만, 메뉴 선택의 자유는 없었으니까.

요즘은 어떤지 모르지만, 내가 입시를 준비할 때만 해도 여러 대학에서 수험생에게 화장하지 않은 민낯을 요구했다. 우리는 실기 시험을 치르기에 앞서 얼굴 검사를 받았다. 진행 요원은 물티슈를 들고 와서 대기 중인 학생들의 얼굴을 일일이 문질러 닦았다. 지금 생각해보면 인권 침해에 해당할 만한 부당한 요구인데도 당시의 나는 내 '못난' 민낯을 탓하기 바빴다. 무대 위에 올라가 준비한 독백을 연기하는 동안에도 모니터 속 내 모습이 얼마나 형편없을까 자책하느라 작은 동작 하나도 자신 있게 해낼 수 없었다. 첫 시험에서 떨어지고 친구들의 조언대로 반영구 아이라인 문신을 새겼다. 뾰루지가 올라올 기미가 보이면 곧장 피부과에 가서 독하디 독한 스테로이드 약을 처방받아 먹었다. 피부보다 훨씬 약했던 위장은 다음 문제였다.

박소영은 미국에서 지내는 1년 동안 몸무게가 14킬로그램 늘었다. 귀국 날짜가 정해진 날 엄마는 박소영과 통화하며 돌아오면 바로 복학하고 취업 준비도 해야 하니 지금부터라도 먹는 걸 줄이고 운동량을 늘리라고 했다. 그때 박소영의 충격적인 대답은 16년이 지난 지금까지도 종종 놀림거리로 활용된다. "살을 왜 빼. 나 이제 예전처럼 쓸데없이 외모에 신경 쓰고 옷 사고 그딴 짓 안 할 거야." 지금은 웃으면서 말하지만 당시엔 꼭 언니를 잃어버린 기분이었다. 다이어트 동지였던 박소영에게 배신감이 일면서도 한편으론 포기하지 않은 내 자신이 더 대단하게 느껴지기도 했다. 내가 해낸 것이 얼마나 어려운 건지 박소영이 몸소 증명하는 느낌이었달까. 먹고 싶은 것도 마음대로 못 먹고 운동만 하는 날들에 지쳐 시도 때도 없이 눈물 바람을 하는 와중에도 그런 생각을 했다.

그나저나 미국은 대체 어떤 곳일까? 영화에서 보던 서양 사람들은 마르지 않은 몸으로도 당당히 민소매 티셔츠와 핫팬츠를 걸쳤다. 볼록 나온 배가 훤히 드러나는 비키니 수영복도 입었다. 내가 그들을 보면서도 우월감을 느꼈던가? 우월감이 아니라 늘 그들처럼 자유롭고 싶은 마음뿐이었지. 박소영을 두고 그런 생각을 할 수 있었던 건, 박소영이 다이어트를 포기한 거라고 판단해버렸기 때문이다.

돌아온 언니는 미국인이었다. 미국 벼룩시장에서 구입한 옷들이 대부분 민소매인 것만 봐도 그랬다. 박소영은 영화 속 그들처럼 살찐 몸을 숨기지 않았고, 포만감이 느껴질 때까지 숟가락을 내려놓지 않았다. 나는 그 옆에 앉아 데친 두부를 김에 싸서 먹었다. 박소영이 주변 시선에 일일이 반응하지 않게 된 건 분명 바람직한 변화지만 여긴 미국이 아니라고 되뇌면서. 엄마는 내가 운동하러 나갈 때마다 박소영의 등을 떠밀었지만 박소영은 꿈쩍도 하지 않았다.

시종 굳건했던 박소영의 신념은 두 달을 못 가 서서히 사그라들었다. 식단이 상대적으로 덜 기름진 한식으로 바뀌자 별다른 노력 없이도 제법 많은 양의 살이 저절로 빠졌고, 박소영은 또다시 살 빠진 본인의 모습에 중독되어 갔기 때문이다.

2016년, 고양이 '토라'를 사랑하게 되면서 나를 사랑하는 방법을 배웠다. 그건 부지런히 나를 가리는 일만 게을리하면 되는 것이었다. 덕분에 이런 일도 있었지만. 동네에서 매일 같이 마주치는 중년 남성들은 낡은 옷차림에 창백한 얼굴로 고양이 '나' 챙기러 다니는 나를 세상에서 내쳐진 사람 혹은 할 일이 없거나 남성에게 선택받지 못한 패배자쯤으로 여겼다. 내가 그들의 눈에 패배자로 보이는 건 상관할 바 아니지만, 패배자가 귀하게 여기는 동물들마저 만만하고 하찮은 존재가 되는 건 문제였다. 엄마는 고양이들을 생각해서라도 멀쩡한 옷을 입고 입술도 좀 찍어 바르라 조언했고, 나는 그들의 편협한 사고에 힘만 보태줄 뿐인 걸 알면서도 한동안은 그렇게 했다. 그들은 화사해진 내 얼굴에 반색했고 더 쉽게 훈수를 뒀다. 타인의 무례를 상대하는 데 필요한 건 화장품이 아니라 그들의 눈을 가만히 응시할 수 있는 단단한 내면이라는 걸 어렵게 배웠다. 박소영과 나는 이런 일들을 함께 겪으며 팽팽히 잡고 있던 외모 집착을 일순간에 놔버렸다. 살에 대한 강박을 버리지 못하고 있는 이 상황이 더욱 혼란스러운 건 그래서다.

캐럴라인 냅은 저서 『욕구들』에서 자신이 앓았던 거식증의 원인을 찾으며 이렇게 썼다.

"생애의 많은 부분을 나는 우리 사이에 몇 가지 배선이 초기부터 어긋났고 중추적 접속이 제대로 이뤄지지 않았거나 유지되지 않았다는 느낌을 지닌 채 살아왔다.… 나는 체질적으로도 기질적으로도 아버지와 더 비슷했고 어떤 식으로든 아버지와 더 잘 맞았다. 바로 이런 점 때문에 내가 매우 결정적인 측면에서 어머니의 원에 속하지 못한다고 느끼고, 나에 대한 어머니의 애착이 얼마나 확실한지 혹은 안정적인지 결코 확신하지 못했던 거라고 생각한다."[2]

캐럴라인은 허기의 원인 중 하나로 어머니와의 관계를 꼽았고, 나는 이 부분을 읽고 오래 울었다.

나의 엄마와 아빠는 모든 면에서 다른 사람들이었다. 엄마는 노력하면 뭐든 해낼 수 있다고 믿는 쪽이었고, 아빠는 최선을 다해도 안 되는 게 있다고 생각하는 부류였다. 엄마가 세상의 기준을 의심 없이 따랐다면 아빠는 그 기준을 허물지 못해 괴로워했다. 엄마는 내일을 위해 살았고 아

---

[2] 캐럴라인 냅 지음, 정지인 옮김, 『욕구들』, 328쪽, 북하우스

빠는 오늘만을 살았다. 엄마는 불만투성이인 아빠를 온전히 신뢰하지 못했는데, 나는 '불행하게도' 체질적으로도 기질적으로도 아빠를 닮은 아이였다. 집안일과 동생들에 치여 학업을 일찌감치 포기해야 했던 엄마는 언니와 내게 다른 건 다 못해도 괜찮으니 공부만은 잘하라고 당부했다. 공부만 잘했던 박소영과 달리 다른 것만 잘했던 나는 그래서 엄마의 '원'에 속할 수 없었다. 내 유전자에 새겨진 매사 비뚤게 보는 습관도 엄마에겐 그저 바로잡아야 하는 숙제일 뿐이었다. 언젠가 대화에서 엄마는 본인이 노력한다면 내가 "달라질 수 있을 거라 믿었다"고 고백했다. 나는 그 믿음에 보란 듯이 찬물을 끼얹으며 성장했다. 엄마는 어떤 면에서 박소영보다 나를 더 아끼고 걱정했지만, 그건 엄마가 내게 어떤 확신도 갖지 못하고 있단 뜻이기도 했다. 나를 믿지 못하는 건 아빠도 마찬가지였다. 아빠는 거듭되는 사업 실패로 자신감을 잃어갔고, 본인을 빼다박은 내가 '실패의 길'마저 따라 걷는 건 아닐까 불안해 나를 다그치곤 했다. 나는 엄마를 닮지 못한 사람이면서 아빠를 닮아선 안 되는 사람이었다.

그런 두 사람이 공통으로 꼽는 내 '장점' 하나가 바로 살찌지 않는 몸이었다. 엄마는 특히 본인을 닮지 않은 내 마른 팔을 좋아했다. 아빠도 그랬다. 명절에 만난 친척들이 내게 너무 말랐다며 한 마디씩 말을 보태자, 아빠는 내가 본인의 체질을 닮아서 그럴 뿐 평소에 얼마나 잘 먹는지 모른다며 나를 감쌌다. 아빠의 말에서 은근한 자부심이 묻어났다. 나는 그래서 말라야 했고, 마르기라도 해야 했을 것이다.

나는 주목받는 상황을 잘 견디지 못한다. 늘 결정적 순간에 주눅들고, 관심을 받으면 기쁘다가도 이내 숨고 싶은 충동을 느낀다. 성취에 대한 기억이 드문 탓인지 시도조차 하기 전에 도망칠 핑계를 찾는 습관도 있다. 실패할 때마다 나를 혐오하는 방식으로 결말을 지었고, 이 모든 불운은 내게 인정받고 싶은 욕구가 부족하기 때문이라고만 생각했다. 하지만 내가 느낀 허기와 마른 몸을 향한 집착은 명백히 인정 욕구가 남긴 흔적이다. 그건 아주 사소하게나마 인정받았던 순간을 기억해내려는 내 나름의 발버둥이었던 것이다.

나도 이제 캐럴라인이 책에서 말한 '육체적 허기와 감정적 허기의 차이'[3]를 안다. 그 차이를 구별하지 못해 숱한 밤 울었던 어린 내가 조금 안쓰럽지만, 탓하지 않기로 한다. 거슬러 올라가 엄마와 아빠를 원망하며 적었던 마음들을 모두 지웠다.

---

3) 캐럴라인 냅 지음, 정지인 옮김, 『욕구들』, 350쪽, 북하우스

그건 그렇고 박소영은 왜 그렇게까지 살을 찌웠던 걸까? 미국인 언니 캐럴라인의 말에 따르면 거기도 여기와 다를 게 없던데 말이지.

..

논쟁을 즐기는 변론가 　　　　　　　　　　　소O●

　한 번도 안 해본 사람은 있어도 한 번만 해본 사람은 없다는 그 MBTI 검사를 얼마 전 다시 해보고 꽤 큰 충격을 받았다. 'ENTP'라는 생경한 알파벳의 조합이 눈앞에 떡하니 나타났다. '뜨거운 논쟁을 즐기는 변론가'라니 어쩐지 믿을 수가 없어서, 처음으로 다시 돌아가 몇 가지 다른 옵션을 골라봤지만 역시나 변함없었다.

　내 기억이 맞는다면 처음 이 검사를 한 것은 대학 때였다. 그때 나는 'I'로 시작하는 알파벳 조합을 결과로 받아들였던 것 같다. 정확하지는 않지만 얼핏 창의성과 공감 능력 같은 키워드가 있었던 것 같고(아마 좋은 것만 기억하고 있을 것이다…), 다른 성격 유형들은 영 눈에 익지 않는 점으로 보아

'INFP'가 아니었을까 싶다. '중재자'가 '변론가'가 되다니, 도대체 그 사이에 무슨 일이 있었기에?

지금은 믿지 않을 사람도 많겠지만 나는 무언가를 설명하기보다는 숨어버리는 게 차라리 편한 성격이었다. 대학 때는 낯가림이 무척 심해서 친하지 않은 사람과는 심지어 그게 학과 동기여도 말을 섞지 않았다. 먼저 내 이야기를 꺼내는 경우는 거의 없었고, 어쩌다 다 같이 모이는 자리에 가도 '진짜 나'는 은신처에 두고 오기 일쑤였다. 몸은 앉아 있지만 정신이 앉을 곳을 찾지 못하는 날이면 나는 곧장 대화에서 물러나 내면으로 침잠하는 쪽을 택했다. 그 때문에 종종 '두 얼굴'로 오해받기도 했지만 상관없다고 느꼈다. 모든 사람에게 나를 드러낼 필요는 없다고 여겼으니까. 당연히 모든 사람이 내 생각을 알아야 할 이유도 없었다. 아니, 어쩌면 어디서부터 어떻게 나를 설명해야 할지 그 방법을 몰랐던 것 같기도 하다.

그런 내가 변하기 시작한 것은 확실히 동물들 때문이다. 동물들을 돌보고 비건으로 살기 시작하면서 나는 좀처럼 입을 다물고 있지 못하는 성격이 되었다. 누군가 동물이나 동물권, 동물 관련 활동을 오해하면 그것을 즉각 바로잡지 않고는 견딜 수 없게 된 것이다. 물론 여기서 오해란 고의적인 것을 포함하는 개념이다. 사람들은 '잘 몰라서' 사실이 아닌 것을 입 밖에 내기도 하지만, 누군가를 골탕 먹이거나 조롱하려고 틀린 이야기를 사실인 양 힘주어 말하기도 하니까.

예전의 나라면 누군가가 면전에서 그런 이야기를 쏟아내도 아마 못 들은 척 지나쳤을 것이다. 대꾸하지 않고 그저 어정쩡한 미소로 답했을지도 모른다. 실은 지금도 악의적인 질문을 퍼붓거나 내 반응을 떠보는 의도로 말 거는 사람들을 그저 회피하거나 무시하고 싶을 때가 많으니까. 아니, 솔직히 말하면 매번 강렬하게 그러고 싶다. 그 편이 내게도 (에너지를 쓰지 않아도 된다는 측면에서) 훨씬 편하거니와 앞으로도 계속 마주쳐야 하는 사람과 얼굴을 붉히는 일은 애당초 만들지 않는 편이 좋기 때문에.

사람들 사이에 나를 세워두고 숱한 질문과 물음을 감당하게 하는 것이 스스로에게 못할 짓이라는 생각도 한다. 나는 이 과정에서 내가 상처받는 걸 너무 많이 봐왔다. 그러나 입을 다물고 있으면 퍼져나갈지 모를 거짓 정보와 혐오—생각보다 많은 질문이 혐오를 담고 있다—를 보는 것이 더 두렵다. 내가 세상의 모든 동물권리론자와 비건을 대변할 수 없다는 것은 당연히 알지만, 눈앞의 저 사람에게는 내가 유일한 사람일 수도 있다는 사실이 나를 괴롭게 한다. 그 경우 내가 입을 닫으면 그가 발설한 것은 그에게는 진실이 되고 만다.

　너무나 많은 책이, 너무나 많은 인생 선배가, 나와 성향이 맞지 않거나 나를 불편하게 하는 사람은 그저 피하는 게 상책이라고 이야기한다. 그런 이들과 말을 섞어봐야 소통은 가능하지도 않고 화만 날 뿐이라고. 그러니 그저 사뿐히 서로를 스치듯 지나가라고. 일반적인 상황이라면 백 번이고 천 번이고 옳은 말이다.

　그러나 지키고 싶은 존재가 있는 사람은 그럴 수 없다. 간절하게 지키고 싶은 것이 있는 사람이 늘 약자다. 입을 여는 순간 괜한 시비에 말려들 것을 알면서도, 상대방을 완전히 이해시키거나 설득하지도 못할 것을 알면서도 기어이 입을 뗄 수밖에 없다. 그렇게 자발적 패배자가 되고 마는 것이다.

　변론가는 아마도 변론가이길 원하지 않았을 것이다. 그는 어쩌면 논쟁을 즐기는 성격도 아닐지 모른다. 세상과 불화하는 것을 바라지 않던 내성적인 사람조차 논쟁을 즐기는 변론가가 될 수밖에 없다면, 그를 그렇게 만든 어떤 까닭이 있지는 않은지 돌아봐야 한다.

친애하는 나의 집에게 1*

수○●●

어릴 때부터 집에서 혼자 노는 걸 좋아했다. 우리집은 장난감도 많지 않았고 그 흔한 어린이용 가구도 하나 없는 무뚝뚝한 공간이었지만, 상관없었다. 대신 치과에 다녀올 때마다 엄마가 사준 레고 블록이 한 바구니 있었고, 다 풀고 난 학습지 교재로 선생님 놀이도 할 수 있었으니까.

평온한 일상에 균열이 생긴 건 아빠의 사업이 어려워지면서였다. 빚쟁이들이 찾아와 현관문을 두드리던 날, 집은 놀이터보다 위험하고 운동장보다 공포스러운 공간이 되고 말았다. 우리 가족은 한동안 커튼을 치고 안방에 숨어 지냈다. 행여 불빛들이 새어 나갈까봐 화장실에 가기 전엔 안방 곳곳에 밝혀 놓은 작은 전구들과 텔레비전부터 꺼야 했다. 불은 물론 밤에는 변기 물도 바로바로 내릴 수 없었다.

발신자 표시 기능이 없던 시절이라 전화도 마음 편히 걸고 받을 수 없었다. 빚쟁이에게 걸려온 전화와 가족의 전화를 구별할 방법이 필요했다. 엄마는 전화벨이 "따르르르" 울렸다가 끊어지고 3초 뒤에 다시 울리면 그건 우리 가족이라는 신호라고 했다. 며칠만 지나면 다 괜찮아질 거라는 아빠의 말과 달리 상황은 날이 갈수록 심각해졌고, 우리 가족은 결국 빚쟁이들을 피해 근처 고모네 집으로 몸을 숨겼다.

방 세 칸짜리 고모네 집엔 고모와 고모부 그리고 사촌 언니 네 명이 살고 있었다. 우리가 아니라도 충분히 복잡한 곳이었지만, 고모네 식구 중 싫은 내색을 하는 사람은 한 명도 없었다. 언니들은 잠버릇이 험한 박소영과 내게 기꺼이 자신들의 방을 내어주었다. 언니들을 생각하면 이제는 고마운 마음보다 미안한 마음이 앞선다. 지금의 나라도 그렇게 하지 못할 것 같아서. 스트레스를 받아도 언니들이 받아야 할 상황에 병이 난 건 나였다. 그 무렵 나는 '밥'이라는 단어만 들어도 구역질을 해대다 결국 신경성 위염을 진단받고 입원까지 해야 했다. 집에 가지 못해서 얻은 마음의 병이 기어이 몸의 병이 된 것이다.

아빠는 퇴원하면 집으로 돌아갈 수 있을 거라고 나를 안심시켰지만 이번에도 거짓말이었다. 시간이 지날수록 빚쟁이들의 분노는 거세졌고 등하교마저 제대로 할 수 없는 지경이 되었으니까. 상황이 그렇게 되자 집에 한 번씩 들러 짐을 챙겨 나오는 것도 불가능에 가까운 미션이 되었다. 빚쟁이들의 감시가 느슨해진 캄캄한 새벽, 엄마는 집에서 도둑처럼 짐을 챙겨 고모네로 돌아오곤 했다. 하루는 나도 가고 싶다며 엄마를 졸랐는데 엄마는 웬일인지 따라나서려는 나를 말리지 않았다. 대신 새벽 시간이라도 안심할 수 없으니 큰소리로 말하거나 불을 켜서는 안 된다고 주의를 주었다. 엄마와 나는 작은 손전등 하나를 쥐고 골목에 들어섰다. 산책하는 척 자연스럽게 집을 스쳐지나며 주차된 차 안에 사람이 있는지, 대문 안쪽에 누가 숨어 있지는 않은지 빠르게 살폈다. 아무도 없다는 걸 확인하고 나서야 우리는 집 안으로 들어갈 수 있었다. 빚쟁이가 갑자기 튀어나와 엄마와 나를 잡아갈지도 모른다고 생각하면 무서웠지만, 엄마가 열쇠 구멍에 열쇠를 집어넣고 아무 소리도 나지 않게 천천히 돌리는 순간이 재미있게 느껴지기도 했다. 정확히 무엇을 무서워해야 하는지 모르던 때였다.

현관에 들어서자 어두운 우리집이 보였다. 우리집 냄새도 났다. 우리가 살던 어떤 날에 그대로 멈춰버린 집. 눈물이 고였지만 울 수가 없었다. 곧장 내 방으로 들어갔다. 내 방도 전부 그대로였다. 사촌 언니에게 물려받은 철제 책상도 그 자리에 있었다. 누가 쏟은 잉크인지 상판 한편에 검은 얼룩이 배어 있던 책상은 물려받은 순간부터 구박덩어리였다. 얼룩을 지우겠다고 아세톤을 부어 문질러도 봤지만 지워지지 않았고 징그러운 모양으로 더 넓게 번져나갔다. 나는 그게 항상 불만이었다. 얼룩을 가리려고 시간표로 덮어보기도 하고 아끼는 스티커를 붙여보기도 했지만 어떻게 해도 별로였다. 미워만 하던 책상을 보는데 눈물이 터져 나왔다. 너무 슬퍼서 아직 아무것도 하지 못했는데 그새 짐을 다 챙긴 엄마가 얼른 나가자며 나를 재촉했다. 그게 얼룩 책상을 본 마지막 날이었다.

몇 년 뒤 아빠가 하는 일이 잘 풀려 우리 가족은 동네에 새로 지어진 넓은 아파트로 이사를 했다. 아빠는 그동안의 시간을 보상이라도 하듯 새집을 값비싼 물건으로만 채웠다. 내 방 구조에 맞게 제작된 커다란 물결 모양 책상도 선물로 받았다. 나는 새 책상 앞에 앉아 얼룩 책상은 하얗게 잊었다. 영화를 좋아하던 아빠는 거대한 평면 TV를 벽에 걸고 곳곳에 최고급 음향 장비를 설치했다. 동네 사람들이 월드컵 경기를 보겠다며 우리집으로 몰려왔을 땐 어깨가 으쓱해졌다. 하지만 이런 호사도 오래가진 못했다. 아빠의 사업은 호황이다 싶으면 얼마 못 가 곤두박질쳤다. 우리는 이 아파트에서 7년을 살았는데, 그곳에서의 좋은 기억은 이사하고 두세 해뿐이다. 이후로 집은 계속 좁아졌다.

반으로 좁아진 아파트에서 지어진 지 30년도 더 된 낡은 주택의 2층으로 옮겨가기까지 3년이 채 걸리지 않았다. 욕실 벽을 타고 오르던 지네가 타일 틈으로 숨는 걸 목격한 다음부터는 머리를 감다가 눈에 샴푸가 들어가도 눈을 감을 수 없었다. 3층에는 집주인 세대가 살고 있었는데, 집주인 할머니와 할아버지는 우리 엄마를 딸처럼 아껴주셨다. 할머니는 어려운 환경에서도 딸들을 잘 키웠다며 엄마의 등을 자주 어루만졌는데, 나는 그런 동정 섞인 호의가 어쩐지 싫지만은 않았다. 세입자의 설움을 일찍이 체화한 나는 집주인의 따뜻함에 감동하지 않을 도리가 없었고, 좁고 불편하지만 이런 집에서라면 오래 머물러도 좋겠다 싶었다. 주인 할머니가 우리집에 노크도 없이 불쑥불쑥 들어오기 전까지는.

할머니는 시도 때도 없이 우리집 현관문을 (정확히는 방충망을) 열어젖혔다. 창문이 변변찮은 탓에 여름이면 할 수 없이 현관문을 열어놓고 지내야 했는데, 주인 할머니는 현관에 쳐진 방충망을 문으로 인식하지 못하는 것 같았다. 찾아온 이유는 다양했지만 주된 원인은 수도세였다. (오래된 공동주택의 경우 계량기가 세대별로 나누어져 있지 않아 수도세가 건물 자체에 부과된다고 한다. 전체 수도세를 거주하는 세입자의 머릿수만큼 나누어 내는 방식이 있다는 것을 그 집에서 처음 알았다.) 우리가 이사를 온 뒤 수도세가 너무 많이 나오기 시작했고, 머릿수만큼 나누어도 다른 세대들은 피해를 볼 수밖에 없다는 것이다. 할머니는 '딱한 사정을 고려해' 더 내라고 하지는 않을 테니 앞으로는 물을 좀 아껴 쓰라고 성질을 냈다. 할머니는 다음 달에도 불쑥, 다다음 달에도 불쑥 쳐들어와 왜 이번 달에도 수도 요금이 줄지 않은 거냐고 화를 냈고, 나는 샤워를 하고 나와 속옷 차림으로 할머니를 마주한 날에도 이렇게 들어오시면 곤란하다는 말은커녕 젖은 머리칼이 죄스러워서 죄송하다고 말할 수밖에 없었다. 할머니가 올라가자마자 엄마에게 전화를 걸었다. 왜 남들 다 가진 집 하나가 없어서 속옷 차림으로 서서 이런 소리를 들어야 하느냐고 화를 내며 엉엉 울었다.

    박소영이 취직하면서 사정이 조금 나아졌다. 아빠가 하는 일도 풀릴 기미가 보여서 우리는 집을 넓혀 이사하기로 했다. 20년 넘게 살았던 동네에는 어딜 가도 아는 사람들이 있었다. 나는 사생활이랄 게 없는 동네 분위기가 못 견디게 싫었고, 가능하면 되도록 먼 곳으로 이사하고 싶다고 엄마에게 말했다. 엄마와 나는 살던 곳에서 조금 떨어진 지역으로 집을 보러 다녔다. 못해도 스무 곳은 본 것 같은데 마음에 드는 집이 없었다. 조금 '괜찮아' 보이면 우리의 예산을 훌쩍 뛰어넘었고, 금액이 맞으면 지금 살고 있는 낡은 주택과 다를 게 없었다. 조금 더 아래쪽으로 내려가보기로 했다. 우연히 찾아간 동네에 우리 예산에 딱 맞는 집이 있었다. 지어진 지는 조금 된 빌라였지만 내부가 넓었고, 널찍한 베란다도 있는 데다 꼭대기 층이라 옥상을 활용할 수도 있었다. 그동안은 누구의 방이랄 것도 없이 짐을 놓을 공간만 있다면 일단 쑤셔넣고 봐야 했는데, 이곳이라면 갈 곳 없던 가구들이 제자리를 찾을 수도 있을 것 같았다. 중개사는 이 금액으로 이런 집을 구하는 게 쉬운 일이 아니라고 말했고, 그 사실을 누구보다 잘 알았던 우리는 서둘러 계약서에 도장을 찍었다.

아파트에서 나온 이후로 가장 넓은 집이었다. 소파와 식탁이 제자리에 놓이고 소쿠리에 담겨 있던 옷들이 장롱에 걸리자, 그동안 집으로부터 받았던 상처들이 조금씩 누그러지는 것 같았다. 동네도 조용했다. 유년기를 불안하게 보낸 탓에 박소영과 나는 (특히 남성의) 고성이나 문 두드리는 소리에 극도로 예민한데, 이 집은 워낙 조용해 마음이 놓였다. 집이라는 공간에서 안정감을 느낀 게 얼마 만인지, 나는 한동안 저녁 아르바이트 시간을 제외한 나머지 시간엔 집에만 붙박여 지냈다.

가족들이 모두 외출한 시간, 소파에 누워 영화를 보고 있었는데 어디선가 울음소리가 들렸다. 나와는 무관한 소리였지만 반사적으로 신경이 곤두섰다. 즉시 리모컨의 음소거 버튼을 누르고 귀를 허공에 가져다 댔다. 여성의 목소리 같았다. 비명도 아니고 고함도 아닌 이 소리는 분명 절규였다. 생전 처음 들어보는 소리였다. 현관문을 열고 나가 계단 위아래를 살펴봤지만, 복도는 조용했다. 며칠 뒤 이 건물에 오래 거주한 이웃에게서 우리 아랫집 아주머니의 이야기를 들을 수 있었다. 그는 아주머니가 '정신이 조금 아프셔서' 간혹 기이한 소리를 내지만, 다른 문제가 있어서 그런 것은 아니니 마음을 놓으라고 했다. 그게 무슨 뜻인지 정확히 알 수는 없었지만, 어찌 됐든 원인(?)을 알고 나니 마음이 놓였다. 그리 자주 있는 일도 아닐뿐더러 가장 우려했던 가정 폭력 문제가 아니라는 사실에 안심이 되었다.

아랫집 아주머니의 절규에 익숙해질 무렵 이번엔 다른 여자가 비명을 지르기 시작했다. 목소리가 얇은 것으로 볼 때 아랫집 아주머니는 아닌 것 같았다. 어린이가 악을 쓰는 것 같기도 했는데, 어떻게 들어도 위급한 소리로 느껴지지는 않았다. 여자는 하루에도 몇 번씩 소리를 질렀는데, 현관문만 열고 나가면 거짓말처럼 조용해져서 어떤 집에서 소리가 나는지 특정할 수 없었다. 경찰에 신고도 해 보았지만 비명은 늘 경찰이 도착하기 전에 그쳤다.

    소리를 지른 건 옆집 여자였다. 그로부터 며칠 뒤 여자가 악을 쓰는 중에 옆집 현관문이 열렸고 누군가 우리집 현관문을 두드리기 시작했다. 나는 재빨리 현관으로 가서 외시경으로 복도를 내다봤다. 여자의 엄마와 아빠로 보이는 사람이 발버둥을 치는 여자를 끌고 계단을 내려가고 있었다. 여자는 "살려주세요!" "안 가!"를 반복적으로 외쳤고, 계단 난간을 부둥켜 잡고 끌려가지 않으려 안간힘을 썼다. 엄마로 보이는 사람은 여자의 등짝을 찰싹찰싹 때리며 조용히 하라고 야단쳤는데 (모르긴 몰라도) 문제가 될 만한 상황은 아닌 것 같았다. 그날 이후로도 여자는 틈만 나면 비명을 질렀고, 참다못한 나는 옆집을 찾아가 초인종을 눌렀다. 기척이 없어서 노크도 해봤지만 여자는 나오지 않았다.

    며칠이 지나고 이번엔 옥상에서 발 구르는 소리가 들렸다. 큰소리에 예민해진 나는 분노를 참지 못하고 옥상으로 쫓아 올라갔는데 옥상 문이 잠겨 있었다. 집으로 내려가 옥상 열쇠를 집어 들고 다시 뛰어 올라갔다. 구멍에 열쇠를 넣고 돌리려는 순간 옥상 문이 활짝 열렸고, 문 앞에는 옆집 여자가 새빨개진 얼굴로 서 있었다. 여자는 나를 보고 웃더니 말했다. "너였구나? 우리집에 찾아온 게?"

지금껏 수많은 사람과의 싸움에서 쉬이 물러선 적 없던 나였지만 이번엔 달랐다. 옆집 여자의 빨간 웃음을 보는 순간 온몸이 경직되고 말문이 막혔다. 간신히 "지금 남의 집 위에서 뭐 하시는 거예요?" 물었는데, 그때부터 여자의 입에서 욕설이 쏟아져 나왔다. 여자는 한바탕 욕을 퍼붓고는 다시 옥상 문을 걸어 잠근 뒤 발을 구르며 악을 쓰고 뛰어다니기 시작했다.

여기서도 편히 쉴 수가 없었다. 언니와 나는 독립을 결심했다. 예고도 없이 우리에게 찾아온 고양이 '토라'와 함께. 지나온 집들을 자주 떠올리게 된 건 독립한 이후 만난 집주인들 때문이었다. 나온다고 뾰족한 수가 있었던 건 아니었다.

---

*하재영 작가의 책 『친애하는 나의 집에게』(라이프앤페이지)에서 제목을 따왔다.

..

친애하는 나의 집에게 2

수○●●

 '벌써 1년이 지나갔구나'라고 실감하게 하는 몇 가지 중 가장 반갑지 않은 것이 바로 집 재계약 여부를 묻는 임대인의 연락이다. 언뜻 재계약은 첫 계약보다 간편하고 까다로울 게 없어 보이고, 임대료의 법적 상한선인 5퍼센트를 인상하기로 하는 계약서에 서명만 하면 그뿐일 것 같지만 결코 그렇지 않다. 계약하는 날 내게 "딸 같아서 좋다"며 "잘 지내길 바란다"고 덕담을 아끼지 않던 임대인들은 1년 뒤 재계약 날만 되면 다른 사람이 되어 나타나 "너 같은 딸을 둔 적 없다"는 말을 터무니없는 요구들로 대신하곤 했다. 재계약 시 별다른 문제가 없었다 해도 안심은 금물! 지킬 마냥 인자하던 집주인도 이사를 갈 때만 되면 하이드로 돌변할 수 있었다. "집 좀 사자. 무슨 수를 써서라도 집부터 사자." 임대인을 만나고 돌아올 때마다 박소영에게 보낸 메시지다. 하지만 무슨 수를 쓰는 건 말처럼 간단하지 않았고 우리는 독립 후 7년 동안 무려 열두 장의 계약서[4]에 도장을 찍게 된다. 물론 임차인 칸에.

131✻호

즉흥적으로 독립을 선언한 탓에, 어디에 터를 잡을지조차 계획하지 않은 상태였다. 나는 급한 대로 부동산 앱을 깔고 '지도로 찾기' 버튼을 눌렀다. 부모님 집 주변으로 올라온 매물들은 하나같이 사진이 없었다. 부동산에 전화를 걸자 중개인은 "직접 와서 보시는 게 더 정확하지 않겠냐"며 우리를 불렀다. 우리는 사진이 등록되지 않은 데에는 다 이유가 있다는 귀한 깨달음을 얻었다. 지도를 더 넓게 확대해서 봤더니 산과 맞닿은 허허벌판 위에 오피스텔 건물 두 채가 덩그러니 서 있는 곳이 나타났다. 등록된 매물은 수십 개. 이제 막 지어진 건물이라 대부분 공실인 것 같았다. 그때까지 오피스텔이라곤 텔레비전으로 본 게 전부였던

---

[4] 7년 동안 열 장이 넘는 계약서를 작성하게 된 이유는 박소영과 내가 몇 년 전부터 오피스텔을 한 곳 더 얻어 생활하고 있기 때문이다. 늘어나는 고양이 식구들의 삶의 질과 야행성인 나의 작업 시간을 모두 고려한 결과다. 한 명만 상대해도 지치는 임대인을 두 명이나 모셔야 하다니….

터라 나는 부동산에 전화를 걸어 다짜고짜 이런 질문을 했다. "사진에 나온 그 큰 창이 정말 있나요? 지금 가면 저곳을 볼 수 있는 건가요?" 중개인은 "그럼요, 그럼요" 하며 껄껄 웃었다. (순진했다. 임차인의 최대의 적은 부동산 중개인이라는 사실을 그때는 몰랐다.) 중개인은 임대인을 대학 교수라 소개했다. 교수님이 바쁘셔서 저희 부동산에 모든 권한을 위임하고 가셨다며, 계약서는 준비됐으니 집이 마음에 들면 서명하라고 했다. 의심스러운 마음이 들었지만 동시에 그 부분이 가장 흡족하기도 했다. 세입자를 뜯어 살피는 집주인이 아니라, 얼굴도 모르는 집주인이라는 점이. 임대인과 간단히 전화 통화를 마치는 것으로 계약은 성사되었다.

　1년 만에 임대인에게 전화 연락이 왔다. 부동산을 통해 재계약서를 작성하게 되면 복비를 또 내야 하니, 시간이 되는 날 직접 만나서 계약서를 작성하는 게 어떠냐는 것이었다. 나도 그 편이 좋겠다고 답했다. 임대인은 엄마와 키, 머리 모양 등 모든 게 비슷했다. 지금껏 봐온 (부모님과 살던 집의) 임대인들과는 사뭇 다른 느낌이었다. 그는 오피스텔을 노후 대비책으로 사둔 것일 뿐 돈을 벌려는 생각은 아니라고 했다. 이렇게 임차인과 마주 앉는 게 익숙하지 않다고 했고, 본인은 아들만 있어 나 같은 딸이 있으면 좋겠다며 우리 엄마가 부럽다고도 했다. 학교 근처에 오면 편하게 연락하라고, 맛있는 커피는 언제든 사줄 수 있다며 미소를 지었다.

　박소영과 나는 그 집에서 2년 반을 살았다. 오래 살아도 좋을 집이었는데 이사를 결심하게 된 건 관리비 때문이었다. 우리 건물 오피스텔은 1년 반이 넘도록 대부분 공실이었다. 그러다 보니 n분의 1로 내야 하는 공동 관리비는 모조리 입주한 세대의 몫이었고, 기본 관리비만 해도 금액이 상당했다. "그 집은 관리비가 얼마나 나오냐"며 고개를 갸웃하는 주민도 만났지만, 오피스텔 거주 경험이 전무한 박소영과 나는 매달 거액의 관리비를 납부하면서도 별다른 의심을 품지 못했다. 나는 우리 건물의 경비 아저씨와 사이가 돈독했다. 아저씨는 동네 고양이들을 챙기는 나를 응원했고, 급식소나 겨울집 놓을 자리를 마련해주기도 했다. 하루는 재활용 쓰레기를 버리러 분리수거장에 내려갔다가 화난 얼굴로 청소 중인 아저씨를 만났다. 무슨 일 있냐고 여쭈었더니, 망설이던 아저씨는 관리소장 때문에 화가 나서 그런다고 속삭였다. 그러더니 소장이 관리비 가지고 못된 짓을 하다 하다 이제는 건물 관리 인력마저 모조리 해고했다고 말했다. 수시로 고장이 나는 엘리베이터와 주차 정산기를 고쳐달라는 요구도 못 들은 척한 지 반 년이 넘어간다고, 몸이 열 개라도 부족하다는 것이다. 내가 도울 게 없겠냐고 물었더니 아저씨는 그냥 못 들은 척해달라고, 그래도 털어놓고 나니 속이 좀 후련하다고 웃으셨다.

그 사이 동네에 새 오피스텔 건물이 하나둘 늘어났고, 박소영과 나는 이사를 고민하며 부동산을 찾았다. 우리 건물 관리비가 비정상적으로 높다는 사실을 우리만 모르고 있었다. 관리소장을 고발하고 싶은 마음도 있었지만, 경비 아저씨를 난처하게 만들 수도 없는 노릇인 데다 내세울 만한 증거도 없어서 조용히 이사하는 쪽으로 마음을 굳혔다. 엘리베이터는 우리가 이사하는 전날까지도 고쳐지지 않았고 나는 결국 고장 난 엘리베이터에 갇혀 관리실로 전화를 걸었다. 엘리베이터를 왜 고치지 않는 거냐 물으니 소장은 엘리베이터가 고장 나는 게 왜 내 탓이냐며 짜증을 냈다. 나는 참다못해 결국 이 말을 하고 말았다. "동네에 소문이 자자하니 적당히 좀 하세요." 소장은 누가 그런 소리를 했는지 말하라고 다그쳤다. 소장의 태도로 보아 소문은 사실인 것 같았다.

여기를 떠나면 그만일 줄 알았는데, 관리소장은 (우리 호실) 임대인에게 전화를 걸어 "그 집에 네 식구가 사는 걸 알고 있었냐. 그래서 관리비가 많이 나온 걸 나한테 뒤집어씌우더라"고 거짓말했다. 임대인은 얼굴 한 번 본 적 없다던 소장의 말에 속아 나를 몰아세웠고 "욕실 거울 모퉁이에 왜 녹이 났나 했더니, 네 식구가 사용해댔으니 거울이 남아 날 리 없었겠네요"라며 배상을 요구했다. 네 식구? 웬 네 식구? 엄마 아빠를 말하는 거라면 그때까지 아빠는 집 앞에도 온 적이 없었는데. 그게 무슨 황당한 소리냐 되물으니, 소장에게 다 들었다며 내 말은 들으려고도 하지 않았다. 여자들만 사는 집으로 보일까 걱정돼 종종 아빠 이름으로 받았던 택배가 문제였을까? 이런 터무니없는 오해를 받고도 다른 가족이 오지 않았다는 사실을 증명할 방법이 없었다. 임대인에게 나는 '어차피 나갈 사람'이었다.

6✲2호

이번 이사에서 가장 눈여겨본 건 집의 내부가 아니라 해당 건물 세대수였다. 세대수가 적을수록 경비 아저씨나 관리실 직원의 눈에 띌 확률이 높아진다는 게 우리의 결론이었다. 사실 부모님이 함께 거주한다는 오해를 받는 건 문제가 아니었다. 진짜로 조심해야 하는 건 우리 자매가 이 동네 열혈 길고양이 돌보미라는 사실이었다. 무엇이든 문제를 삼으면 문제가 되는 세상에서, 문제 삼을 거리를 제공하는 건 어리석은 짓이니까….

두 번째 집 임대인 부부는 계약서를 작성하기로 한 날 약속 시간보다 한 시간이나 늦게 나타났지만 사과조차 하지 않았다. 그러더니 대뜸 내일이 주일인데 두 분(박소영과 나)은 교회를 다니시냐며 전도를 시작했다. 느낌이 좋지 않았다. 만난 지 10분도 채 안 되었지만 다양한 방식으로 무례했다. 아니나 다를까. 이후로 재계약 날만 되면 대출 이자가 올라 은행 좋은 일만 시키고 있다고 푸념을 쏟아내며 터무니없는 임대료 인상을 요구했다. 우리는 5퍼센트 내에서 올려드리는 것 외에는 어렵다고 말했는데, 자신의 요구를 받아들일 수 없으면 내 집에서 나가야 하지 않겠냐며 윽박질렀다. 우리는 법률 자문까지 받아가며 임대료의 5퍼센트를 올리는 것으로 간신히 재계약을 마칠 수 있었다. 진흙탕. 이곳을 피해 저곳으로 도망쳐봤자 발은 빠지기 마련이었다.

90✻호

옆집엔 내 또래 남자가 혼자 거주 중이었고 주말이면 그의 연인이 찾아왔다. 틈만 나면 교성이 들려오는 벽이 얇은 집이었다. 우리는 그렇다 쳐도 온종일 집에 있는 고양이 식구들은 어쩌나. 찾아가서 부탁할 수도 없고…. 박소영과 나는 한동안 소음 차단에 열을 올렸다. 얼마 있지도 않은 가구를 모두 소리가 나는 벽 쪽으로 옮기고, 잔잔한 음악을 틀어놓고, 두 사람이 다음 주말이 오기 전에 부디 헤어지게

해달라고 허공에 빌….

 우리가 이 불편을 감수하면서도 이사를 고민하지 않았던 이유는 처음으로 '좋은' 임대인을 만났다는 생각 때문이었다. 임대인은 주변 시세가 올라도 임대료를 인상하지 않았고, 재계약 날이면 내 시간에 맞춰 동네로 찾아왔다. 딸 같은 세입자에게 해줄 거라곤 이런 것들뿐이라며 수시로 내 손을 잡았다. 우리는 1년에 한 번이지만 만날 때마다 소소한 이야기들을 주고받았다. 임대인은 본인의 친구 이야기를 하다가 눈물을 흘리기도 했고, 시누이 흉을 보며 웃기도 했다. 금세 또 1년이 지나 우리는 늘 만나던 카페에서 다시 만났다. 그런데 그날따라 임대인의 표정이 좋지 않았다. 예상대로 그는 미안한 말을 해야 할 것 같다며 운을 띄웠다. 아들에게 아파트를 마련해주고 싶어 오피스텔을 팔기로 했다고. 그러면서 세입자를 끼고 팔면 불편해지니, 그간 자신이 "베풀어준 은혜"를 생각해 나가달라며 당황하는 나의 입을 단숨에 틀어막았다.

 우리는 무슨 수를 써서라도 집부터 사야 했을까?

자매
일기

영화 <자매>, 그 뒷이야기   소0●

소파에서 잠을 자던 희경이 몸을 뒤척이더니 눈을 비비며 묻는다. "몇 시야?" 10시 20분이라는 수경의 대답에 화들짝 놀라 일어난다. 오늘은 새집을 구하러, 정확히는 새 집주인을 만나러 가는 날이다. 오늘만큼은 '멀쩡한' 사람으로 보여야 한다. 당연히 몸단장도 해야 할 것이고, 그러려면 서둘러야 한다.

이것은 박수영이 연출한 단편영화 <자매>의 오프닝 장면이다. 그렇다. 우리는 자매 이야기를 영화로도 찍었다. 살던 집의 계약 기간이 끝나 새집을 구하는 자매의 이야기인데, 이 과정에서 자매는 집주인과 트러블을 겪게 된다.

예상했겠지만 이 이야기는 우리의 경험에서 출발했다.

수영과 나는 각각 다른 오피스텔에 살고 있다. 본가에서 독립해 나올 당시에는 함께였지만, 돌보는 고양이가 많아지면서 어쩔 수 없이 갈라지는 쪽을 택했다. 우리는 서로의 집을 (당연하게도) 오갔고, 그건 엄마도 마찬가지였다. 엄마는 우리를 방문할 때마다 양쪽 오피스텔에 모두 들러 때때로 냉장고에 반찬을 넣어주거나 간단한 집안일을 도와주었다. 수영이 살던 오피스텔의 임대인이 우리를 오해한 것도 이 때문인 듯하다.

"그 좁은 집에 가족 넷이 다 같이 살았다면서요?" 계약을 연장하지 않고 이사를 나가겠다고 했을 때, 임대인은 수영에게 이렇게 말했다. 어안이 벙벙해진 수영이 그게 무슨 소리냐고 되묻자 임대인은 "관리소장한테 다 들었으니 발뺌할 생각 말라"고 답했다.

이야기를 전해들은 나는 황당하기 그지없었다. 네 식구가 다 같이 거주한 적도 없거니와 그때까지 아빠는 집 안에 들어와 본 적도 없었으니까. 어쩌다 아빠가 우리가 사는 곳에 찾아온 날도 동네 식당에서 함께 식사한 정도가 다였다. 함께 살았다 한들, '오피스텔에 몇 명 이상 살면 안 된다'는 규정이라도 있는지?

임대인은 우리가 이사를 나가기 전에 필히 집 상태를

점검해야겠다며 자신의 제자-그는 대학 교수였고 제자를 통해 모든 일을 처리했다-를 보냈다. 그러나 무어라도 찾아내고 싶었을 그의 바람과는 달리 집은 너무도 깨끗했다. 무언가 '보고할 것'이 필요했던 제자는 임대인에게 '화장실 거울에 녹이 좀 슬었더라'고 말한 모양이었다. 그리고 그 멘트는 정확히 이런 모양이 되어 되돌아왔다.

"욕실 거울 모퉁이에 왜 녹이 났나 했는데, 네 식구가 사용해 댔으니 거울이 남아나질 않았겠네요."

지금은 웃으면서 이야기하지만 당시 우리는 모멸감 비슷한 것을 느꼈다. 아무리 상황 설명을 해도 임대인은 들으려 하지 않았고, 도무지 대화라는 게 되지 않았다. 임대인과 통화하고 나면 수영은 몹시 분노했는데, 그건 아마도 우리 자매에게 낙인처럼 찍혀 있는 가난에 대한 기억 때문인 것 같았다. 임대인이 모욕한 것은 계약을 위반한(실제로는 아니었지만) 우리의 행동이 아니라 집 없는 사람의 불운한 처지에 가까웠으니까.

집과 부동산에 대한 우리 자매의 고민이 시작된 것은 이때였다. 이 넓은 서울 땅에 편히 살 집 하나 마련하지 못하다니. 우리는 우리의 처지를 한탄했고, 그 처지가 향후 몇 년간 바뀔 것 같지 않자 무능한 스스로를 책망했다. 한탄과 책망은 곧 세상에 대한 분노로 바뀌었다.

실은 지금도 잘 이해가 되지 않는다. 누구의 것도 아닌 땅에 '돈을 내고' 살아야 한다는 사실이. 대지에 주인이 있고, 그곳에 머무르려면 대가를 지불해야 한다는 것이.

아파트를 생각하면 혼란스러움은 더 커진다. 이상하지 않나? 공중에 건물을 짓고, 그 공중을 수십 개로 나누어 '그중 하나는 내 것'이라고 말한다는 게? 하늘에 소유권을 주장한다는 게? 이런 생각을 이어나가자, 어느 시점에는 이 모든 것이 너무 우습게 느껴져서 세상 사람들이 이런 일련의 상황을 당연하게 받아들인다는 사실을 견딜 수 없었다.

수영과 나의 의문은 급기야 루소의 『인간 불평등 기원론』에 닿았다. 일찍이 루소는 태초의 대지에 말뚝을 박고 '이 땅은 내 땅'이라고 외친 사람을 소환하며 이렇게 썼다.

"어떤 땅에 울타리를 두르고 '이 땅은 내 것이다'라고 말하리라 생각하고 다른 사람들이 그런 말을 믿을 만큼 단순하다는 사실을 발견한 최초의 인간이 문명 사회의 실질적인 창시자이다. 말뚝을 뽑아버리고 토지의 경계로 파놓은 도랑을 메우면서 동류의 인간들을 향해 '저런 사기꾼의 말을 듣지 마시오. 과일은 모두의 소유이고 땅은 그 누구의 소유도 아니라는 사실을 잊는다면 당신들은 파멸할 것이오'라고 외친 사람이 있었다면, 그는 얼마나 많은 죄악과 싸움과 살인, 얼마나 많은 비참과 공포에서 인류를 구제해주었을 것인가?"[5]

　대지에 이름표를 붙이고 "여기는 내 땅"이라고 말할 생각을 대체 누가 했단 말인가. 그것은 마치 공기를 한 움큼 감아쥔 다음 병에 넣어서 "이것은 내 공기이니 돈을 내는 사람만 숨을 쉴 수 있다"고 하는 것만큼이나 어처구니없는 일이 아닌가?

　다시 영화 이야기로 돌아오면, 수영의 영화에서는 그러나 이렇다 할 사건이 벌어지지 않는다. 러닝타임 내내 집과 부동산, 조금 더 멀리 나아가서는 자본주의에 대해 열변을 토하던 희경과 수경은 다만 대화를 그치고 서로를 오래 바라볼 뿐이다.

　이 결말엔 어쩌면 우리 자매의 단단한 비관이 뿌리내리고 있는지도 모르겠다. 어느 날 갑자기 혁명이 일어날 리도 없고, 하루아침에 세상이 달라질 리도 없다는. 다만 그것이 절망이냐고 묻는다면 꼭 그렇지만은 않다고 답하고 싶다. 모든 변화는 '사이'에서 꿈틀대는 법이니까. 서로를 끈질기게 응시하는 두 자매 사이에서, 그리고 글자를 핑계로 이렇게 만난 당신과 나 사이에서.

5) 장 자크 루소 지음, 주경복·고봉만 옮김, 『인간 불평등 기원론』, 104쪽, 책세상

CHAPTER.2   **자매**   소0●
             일기

                        수0●●

콜 미 바이 마이 네임*

수0●●

스물두 살에 대학 신입생이 되었다. (삼수라고 말하면 편할 것을…) 연극 전공. 워낙 재수 삼수 장수생이 많은 학과라 스물두 살이면 비교적 어린 편이었다. 나이를 의식한 건 아니었지만 다양한 나이대의 동기들을 보자 어쩐지 마음이 놓였다. 물론 경솔한 안심이었다. 문제는 동기들 사이에서 내 나이가 아니었으니! 이곳에서 선배는 하늘, 후배는 맨틀(아니 내핵)이었다. 그리고 나는 그중에서도 어설프게 나이가 많은, 그래서 하늘같은 선배님들이 보시기에 몹시 거슬리는 맨틀이었다.

나는 '후배답게' 구르라면 구르고 뛰라면 뛰었다. 평소엔 또래 선배들이 전혀 무섭지 않은데, 이상하게 소극장에만 들어서면 그들을 대하는 게 두려웠다. 그곳에선 선배와 눈이 마주치기라도 하면 쌍욕이 날아들었고 자칫 한눈을 팔았다가는 뺨을 맞을 수도 있었다. 말도 많고 탈도 많은 곳에서 나는 선배들의 표적이 되지 않으려 최대한 숨을 죽였다. 그런데 아무리 고개를 숙여도 선배들의 화는 누그러질 줄을 몰랐다. 나는 기합을 받으면 받을수록 순종적인 후배가 되기…는커녕 치미는 분노를 억누르지 못해 몸을 떠는 후배가 되어갔다.

그때부터 이런저런 핑계를 만들어 기합에 불참했다. 친목 도모를 위한 모임에도 나가지 않았다. 선배들의 호출에 즉각적으로 응답하는 동기들을 보며 (괜스레 불안해질 때면) 생각했다. 내가 긴 시간 공들여 대학에 진학한 이유에 대해. 사람을 사귀러 온 건 분명 아니었으므로 주위의 평가와 시선은 신경 쓰지 않기로 했다. '그냥 내게 집중하자.' 부당한 걸 부당하다 말하는 사람은 학교생활 부적응자가 되고, 나아가 사회의 예비 부적응자로 낙인찍히고 만다. 나는 결심했다. 아닌 걸 아니라고 말하는 사람이 부적응자라면 적응자 따위는 되지 않겠다고. 맨틀은 분노했고, 지각 변동이 일어났다.

내가 이렇게 감정을 있는 그대로 표현하고 쉽게 타협하지 않는 사람이 된 데엔 다 이유가 있다. 때는 지금으로

부터 약 25년 전. 텔레비전을 보던 언니가 아빠에게 말했다. "재영아(아빠 이름), 물 좀 가져와봐라." 나는 당황해서 언니를 쳐다보고 다시 아빠를 흘끗 봤다. 무슨 일이 생길 것 같았다. (엄마, 무슨 말 좀 해봐….) 아빠가 조용히 자리에서 일어났다. 무슨 일이 생겼다. 생기고 말았다. 재영이가 물을 가지고 온 것이다. 아마도 내 대학 시절의 문제는 이때 싹튼 게 아닌가 싶다. 그때 재영이가 물 대신 옷걸이나 먼지떨이(우리집 공식 회초리)를 가지고 왔다면 나는 순종적인 후배가 되었을지도 모른다. 하지만 재영이는 물을 가지고 왔다. 그것도 컵에 따라서.

우리집의 위계는 그날 무너졌다. 그즈음부터 우리 가족은 호칭보다는 이름을 부르는 쪽으로 변화해갔다. 탈.호.칭. (부모 자식 사이 탈호칭이라니, 유교 문화가 강하게 자리잡은 대한민국에선 쉽지 않은 일이다.) 호칭에서 벗어나면서 우리집엔, 정확히 내겐 크고 작은 변화들이 생겨났다. 지나가는 사람에게 발을 밟히고도 "아!" 소리조차 내지 못하던 내가 목소리를 내기 시작한 것이다. 이 모든 게 탈호칭 덕분인지는 모르겠으나 엄마와 아빠도 어린 딸의 의견을 '어린' '딸'의 의견으로만 치부하지는 않았다. 그들은 언니와 나를 가르치려 하는 만큼을 우리에게서 배우려 했다. 그건 단지 요즘 세대의 언어나 노트북 사용법만은 아니었다. 물론 좋은 것만 있지는 않았다. 탈호칭은 서로의 의견을 거침없이 말하도록 부추겼는데, 그건 대개 다툼으로 이어졌으니까. 사실 막내인 나는 탈호칭의 최대 수혜자였지만 다툼이 시작되면 얘기가 달라졌다. 뭐랄까, 그동안 편하게 대화하면서 무덤도 함께 파고 있었다고 해야 할까?

당연히 언니와의 호칭도 바뀌었다. 나는 현재 언니를 '박소영' 혹은 '너', (싸울 때는) '야'라고 부른다. 박소영은 본인을 실수로라도 '언니'라고 부르지 말라고 당부했는데, 들으면 느끼해서 토할 것 같다는 게 이유였다. 나는 그날 이후로 언니를 언니라고 부를 수 없었다. 박소영이 토할까봐. 탈호칭은 박소영과 나 사이에 제대로 자리잡았다. 박소영은 싸우는 중에도 본인이 언니라는 사실을 상기시킨 적이 없다. (누구에게나 장점 하나씩은 있는 법.) 뿐만 아니라 늘 나를 존중했다. 나는 예민한 성격 탓에 자주 아팠고 또래에 비해 키가 작았다. 왜소한 몸만큼이나 마음도 쪼그라들었던 학창 시절에도 박소영하고만 대화를 나누면 어쩐지 좀 커진 기분이 들었다. 박소영은 모두가 나를 의심할 때도 나를 믿어주고, 내가 나를 의심할 때도 나를 믿어준 유일한 사람이었다. 나는 박소영보다 네 살이나 어렸지만 우리는 진짜 '친구'였다.

그 덕에 생긴 에피소드도 많다. 아무래도 동물병원에

갈 일이 많다 보니 우리는 자주 오는 몇몇 보호자들과 친분이 두터워졌다. 그들 모두 박소영이 언니이며 내가 동생임을 알았고, 친자매가 어떻게 그렇게 마음이 잘 맞냐며 만날 때마다 감탄했다. 그 때문인지 평소에는 장난으로도 못 말하던 "언니" 소리가 병원만 가면 그렇게 능청스럽게 나올 수가 없었다. 박소영이야 화장실로 달려가 토를 하거나 말거나 나만 '착하게' 보이면 그뿐이라 시도 때도 없이 "언니"를 찾았다.

유난히 아는 보호자가 많았던 주말. '모리'와 '수리'가 함께 병원 호텔에서 지내고 있던 때라 박소영과 함께 면회하러 가는 일이 잦았다. 모리는 나와 둘이 한적한 곳에 있는 걸 좋아했고 수리는 이곳저곳 누비는 걸 좋아해서 한 사람이 둘 모두를 감당하는 게 쉽지 않았기 때문이다. 박소영과 나는 각자 떨어져서 모리와 수리를 챙겼다. 한쪽 구석에 앉아 모리를 쓰다듬고 있었는데, 어디선가 불길한 냄새가 올라왔다. 한참을 킁킁댄 끝에 찾아낸 냄새의 근원지는 내 발바닥이었다. 누군가 바닥에 흘리고 간 응가 덩어리를 미처 못 보고 밟은 것이다. 급하게 박소영을 불렀다. "언니!" 대답이 없었다. 다소 소란스러운 분위기 탓에 내 소리를 듣지 못하는 것 같았다. 조금 더 크게 "언니이!" 불렀지만 대답이 없었다. "언니이이이이!!!" 아무리 외쳐도 박소영은 듣지 못했다. 왜냐하면 거기엔 언니가 없었으니까. "야! 박소영!" 박소영은 곧바로 돌아봤다. 그리고 다른 보호자들도 함께 돌아봤다….

이렇게 살아온 덕분일까. 나는 후배나 동생들을 존중하고 존대할 줄 안다. 나이가 곧 그 사람의 경험치나 깊이에 비례하지 않는다는 사실은 그들을 존중하며 배운 것이다. 그러다 보면 자연히 먼저 태어난 것을 자랑으로 여기거나, 먼저 입학한 것을 권력으로 여길 수 없게 된다. 어쩌다 선배의 입장에 서게 된 경우에도 나는 그냥 내 할 일을 했다. 먼저 태어났다는 이유로 상대를 존중하지 않으려면, 먼저 태어났다는 이유로 존중받지 않아야 하니까. 나는 나 스스로를 적어도 나이에서만큼은 열린 사고를 하는 인간이라 자부했다, 이 일이 있기 전까지는.

코로나19가 맹위를 떨치기 시작할 무렵, 밥 먹을 곳을 찾다가 문 열린 식당 한 곳에 간신히 들어갔다. 낮은 천장 아래로 작은 테이블 세 개가 가깝게 배치된 작은 식당이었다. 당시엔 밥 먹을 때를 제외하고는 마스크를 의무적으로 쓰고 있어야 했는데, 세 개 중 두 개의 테이블을 붙여 앉아 있던 대학생 무리는 밥을 다 먹고도 마스크를 쓰지 않았다. 그러고는 시끄럽게 떠들었다. 그들의 대화는 한 명이 뭔가를 말하면 나머지 사람들이 테이블을 두드리며 폭소하는 방식으로 이어졌다. 저러다 말겠지 한 숟갈, 저 얘기만 끝나면 가겠지 한 숟갈. 나는 결국 그들을 향해 입을 열었다. "저기, 말씀 중에 죄송한데 목소리 조금만 낮춰주실 수… 있을까요?" 그랬더니 그중 한 학생이 떨떠름하게 "네?? 아, 네"라고 답했다. 그러나 알겠다고 대답한 후에도 그들은 또 다시 테이블을 두드렸다. 나도 슬슬 오기가 생겨서 "저기요…" 하고 다시 불렀다. 그랬더니 이번엔 다른 학생이 "아, 뭐래" 하며 나를 노려봤다. 나는 곧장 "너 뭐라고 했니?" 응수했고 학생은 "왜 반말해요?"로 받아쳤다.

"니가 먼저 했잖아!"
"아, 뭐래."
"야, 너 몇 살이니? 내가 니 친구로 보이니??"

아아… 내가 아직 멀었다는 말을 하려다 여기까지 왔다.

*루카 구아다니노 감독의 영화 〈콜 미 바이 유어 네임〉의 제목을 따왔다.

세계의 갱신을 위한 낯설게 하기 소0 ●

SNS에 동물과 관련한 게시물을 올릴 때마다 심적 갈등을 겪는다. 주로 급하게 임시 보호처를 찾는 동물의 소식이나 학대자 엄벌 탄원에 동참해달라는 내용인데, 소수의 온라인 친구들이나마 관심을 가져주기를 바라는 마음이지만 그 글이 누군가를 불편하게 할까봐 망설이는 것이다. 온라인에서 내 소식을 받아보는 사람 중엔 동물이나 동물권에 관심이 있는 사람도 있지만 그렇지 않은 사람도 많아서, 그들의 피로도를 높이지는 않을까 늘 걱정이 된다. 무엇보다 비슷해 보이는 게시물을 여러 차례 올리는 것은 역설적으로 그 모든 글이 주목받지 못하는 결과를 낳는다. 당연히 이것은 내가 가장 원치 않는 귀결이다.

SNS에 자주 접속하면서 내 게시물이 누군가에게는 그저 공해에 불과할 수 있다는 생각을 하게 됐다. 당장 나부터도 온라인 지인들의 게시물을 보며 때때로 유쾌하지 않은 감정을 느낀다. 밑도 끝도 없이 분노를 쏟아내는 글이나 특정인을 향한 비난을 담은 글을 보면 나도 모르게 얼굴이 찌푸려지기도 한다. '맥락과 상관없는 댓글을 달거나 미관을 해치는 이모티콘을 반복적으로 붙여 넣는 사람들이 있다'며, 그런 댓글이 달리면 꼭 자기 집에 분변 테러를 당한 기분이라던 페이스북 친구의 글을 보고서는 나 역시 더 조심해야겠다는 생각이 들었다.

어느 날 수영이 내게 "동네 고양이를 돌보는 이야기는 더 이상 SNS에 올리지 않는 게 좋겠다"고 말했다. 무슨 소리냐고 되묻자, 수영은 SNS는 계정 주인의 공간이지만 그 게시물을 보는 사람들의 공간이기도 하다고 대답했다. 무슨 말인지 즉각 이해했다. 동물 돌봄 활동 이야기를 반복적으로 올리는 것은 자칫 모두에게 "지금 당장 활동에 나서라"고 촉구하는 것처럼 느껴질 수 있으니까. 물론 내게 그럴 의도가 없다는 것은 수영이 더 잘 알고 있었다.

동네 고양이에 이어 회사 근처 고양이들의 밥까지 책임지느라 심신이 지칠 대로 지친 나는, 이제는 고충을 털어놓는 것조차 사람들의 눈치를 봐가며 해야 한다는 것이

어쩐지 억울했다. 그렇게 말하는 수영이 야속하게 느껴질 정도로.

그러나 내 힘듦보다 중요한 것은 도움이 필요한 동물이 제때 도움을 받게 하는 것이므로, 정말 필요할 때 목소리를 내고자 되도록 말을 아끼기로 했다. '동물 구호 활동을 하는 사람은 대체로 피곤하니 가까이하지 않는 편이 좋다'는 인상을 주거나 '나는 그런 일에 발을 담그지 말아야지' 하고 단념하게 만드는 일 역시 우리로서는 막을 필요가 있었다.

마음속으로 나름의 방침도 정했다. 정말로 위급한(위급하다고 내가 판단한) 상황에 처한 동물의 소식만 올리기. 구조한 고양이의 가족을 찾는다는 글도, 임시 보호처가 급히 필요한 개가 있다는 글도 너무 빈번히 올리지 않기.

이런 생각은 곧 나 자신에 대한 질책으로도 이어졌는데, 이 모든 것이 내 글쓰기가 부족하기 때문이 아닌가 하는 생각이 들었던 것이다. 같은 이야기를 다르게 말할 수 있다면, 오래된 이야기도 새것처럼 반짝반짝하게 쓸 수 있다면 사람들이 때마다 관심을 가질 텐데. 그렇지 않아도 최근 책 소개 기사를 쓰며 내 글의 내세울 것 없음을 뼈저리게 느끼고 있던 터라 스스로의 존재 가치에 대한 고민마저 하게 됐다. 농사를 망친다는 이유로 이 땅에서 사라져가는 고라니, 우리를 구분 짓는 모든 경계를 철폐하겠다며 동물 해방 운동에 뛰어든 활동가의 이야기는 더 뜨겁고 예리한 언어로 쓰여야 했다. 그러나 내 손끝에서는 어쩐지 낡고 오래된 단어들만 줄줄이 태어났다. 굳은 상투어의 옆에는 또 다른 상투어가 놓였다. 그게 그것 같은, 빛바래고 산화된 이야기에 귀기울이는 사람은 많지 않았다. 나는 간절함만으로는 나를 갈고닦을 수 없다는 사실을 인정해야 했다.

스베틀라나 보임의 에세이 『오프모던의 건축』을 읽다가 '세계의 갱신을 위한 낯설게 하기'라는 문구를 보고 가슴이 쿵 내려앉은 것은 이런 이유였다. 내가 찾는지도 모르고 찾아 헤매던 말이 거기에 있었다.

그러니까 나는 낯설게 하기에 성공해야 한다는 것. 그런데 그 낯설게 하기는 나를 위한 것도, 독자를 위한 것도 아니고, 오로지 세계의 갱신을 위한 것이어야 한다는 것. 모든 글은 이 세계를 위해, 세계의 변화를 위해 쓰여야 한다는 것. 그 사실이 다만 다섯 개의 단어로 단출하게 정리되어 눈앞에 나타나자, 꼭 잃어버린 열쇠를 누군가 내 손바닥 위로 톡 떨어뜨려준 기분이 들었다.

아, 내가 글을 쓰려는 이유가 여기에 있었지. 낯설게 함으로써 지금-여기를 다시 보게 하기. 그렇게 세계를 재발명하기. 그것은 너무 크고 빛나는 과제여서 나 혼자의 힘으로 단박에 이뤄낼 수 있는 것이 아니었다.

  그러니까 나는 그저 내 손가락의 움직임에 저항하면서 한 글자 한 글자 쌓아나갈 수밖에 없는 것이다. 쓰던 대로 쓰지 않으며 한 단락. 손가락이 이끄는 대로 따르지 않으며 다시 한 단락. 어쩌면 평생에 걸쳐 이 일을 해야 할 테니 첫술에 배부를 수는 없다. 그렇게 생각하니 마음이 한결 편해지는 것도 같았다.

내가 <점심시간>을 찍을 수 없게 된 이유

수0● ●

수영하는 상상을 조금만 구체적으로 해도 물에 빠지는 꿈을 꿨다. 수영을 배우고 싶어도 강습 프로그램만 들여다보면 악몽에 시달리니 무슨 수로. 아니지, 수영장까지 갈 것도 없다. 대중목욕탕 한 귀퉁이에 있는 시커먼 냉탕도 무섭다고 못 쳐다보면서 무슨 수로.

이렇게 말하면 물에 얽힌 안 좋은 기억이라도 있는 사람처럼 보일 테지만, 사실 아홉 살 때 튜브가 뒤집혀 코로 물을 조금 마신 것 말고는 아무 일도 없었다. 무서워도 좋은 건 좋은 거라서 나는 여름만 되면 물 주변을 서성였다. 가까운 수영장을 검색해 시설을 비교하는 일은 그 덕에 생긴 취미 활동. 수강 등록도 하지 않을 거면서 장점과 단점을 매년 꼼꼼히도 정리했다. 용기를 낸 건 스물여덟 살 초여름이었다. 초급반 등록을 무사히 마친 날에도 악몽(수업 첫날부터 자유형을 하라는 강사 때문에 물에 빠지는 꿈)은 꿨지만, 수영복까지 사놓은 마당에 무를 수도 없어서 일단 부딪쳐보기로 했다.

첫날은 어린이용 수영장에서 기본적인 것들을 배웠다. 물이 얕으니 해볼 만한 것도 같았다. 발차기는 의외로 생각할 게 많았는데, 물을 너무 세게 차도 안 되고 다리가 수면 위로 올라가서도 안 된단다. 별거 아닌 것 같아도 가르침을 받기 전과 후의 차이는 제법 선명했다. 발차기 연습을 시작한 지 10분이 채 안 된 것 같은데 강사는 이제 잠수를 배울 차례니 모여보라고 했다. 약간의 폐소 공포증 때문인지 "잠수"라는 말만 들었을 뿐인데 숨이 갑갑해졌다. 잠수도 요령을 알면 훨씬 수월할 거야…. 불안한 마음을 다독이며 강사를 올려다봤다. 그런데 그가 한다는 말이 "숨을 최대한 크게 들이마신 상태로 머리를 일단 물속에 집어넣고!"(집어넣고!) "조금씩 나눠서 내쉬면 되는 겁니다!"(조금씩 나눠 뭐? 아니, 이 사람아!) 나는 있는 숨, 없는 숨 모두 그러모아 일단 물속으로 들어갔다.

대학을 졸업하고 줄곧 오디션을 찾아다녔다. 극단 생활을 잠깐 했고, 그 뒤로 몇 편의 연극과 영화에 배우로 참여했다. 당시 나는 오디션장에서 극 중 역할로서가 아니라 감독의 연인이 될 '자격'이 있는지 없는지를 평가받는 기분으로 서 있을 때가 많았다. 실제로 그 관문을 통과한 날에는 대사 한 줄 읊지 않고도 오디션에 합격하기도 했다. 도망치듯 빠져나온 극단에서 날 붙든 작가도, 나를 주인공 배우로 점찍었다던 영화감독도 모두 중년의 유부남이었다. 감독은 촬영을 시작하기 전에 먼저 자신과 연애할 의향이 있는지를 알려달라고 대놓고 물었다. 캐럴라인 냅의 말처럼 나는 '취약한 위치'에 있었기 때문에 "어떻게 하면 성적 접근은 물리치되 지적 존중은 받아들일 수 있"[6]는지 판단할 수 없었다. 나는 이것도 기회인가 싶어 머뭇거렸고 휘둘렸고 그러다 곧 도망쳐 나왔다. 도망친 뒤에도 한동안 휘청였다. 옳은 결정에 후회가 일 때마다 나 자신에 대한 혐오를 감당하기 어려웠다. 그것이 정말 기회였던 것만 같아서. 수영을 배우기로 한 건 용기가 생겨서라기보다, 현실의 공포를 외면하기 위해 현실과 무관한 공포를 찾아내야 했던 것뿐이다. 나는 정말로 잠수를 탔다.

물의 언어는 소란을 몰랐다. 물속에 머리를 담그면 바깥의 소리가 '웅얼웅얼 보글보글'로 자동 번역됐다. 해리포

---

[6] 캐럴라인 냅 지음, 김명남 옮김, 『명랑한 은둔자』, 250-251쪽, 바다출판사

터가 통과한 9와 4분의 3 승강장이 다 웬 말이야. 그보다 엄청난 세상이 수면 아래 있었다. 말랑말랑 순한 세상이. 물속에 들어가 들이쉬고 내쉬는 행위에만 집중하다 보면 마음의 소란도 차츰 잔잔해졌다. 나는 물에만 들어가면 즐거워서 입이 헤 벌어졌다. 웃다가 코로 물이 들어가면 올라와서 켁켁댄 뒤 들어가서 또 웃고.

배영은 또 어떻고. 물 위에 둥둥 떠서 타일을 따라가는 지루함이 특히 좋았다. 시작할 때 정해놓은 타일 배열만 놓치지 않으면 목적지에 무사히 도착할 수 있었다. 잠시 딴생각이 비집고 들어와서 방향을 잃어도 초급반 동기들과 박치기만 한 번 하면 그뿐인 세상에서 나는 도리 없이 느른해졌다.

물은 최고의 도피처였다. 그때부터 늘 마음 한쪽에 물을 품고 다녔던 것 같다. 무슨 일만 생기면 물속으로 도망치는 상상을 하려고.

채식을 시작하고 여럿이 밥 먹는 자리에서 나는 자주 물속으로 도망치는 상상을 했다. 식사 자리에서 내게 질문이 몰리는 상황은 이제 어느 정도 익숙하지만, 그 질문에 "식물은 생명이 아니냐"처럼 의도가 빤히 담기면 여전히 어찌할 바를 모르겠다. 그 앞에서 거짓 웃음을 지은 건 조금만 삐끗해도 상대와 관계가 걷잡을 수 없이 틀어질 것 같아서였는데, 집에 돌아오면 그 사람보다 나한테 더 화가 났다. 어떤 약속이든 피할 수 있다면 피하고 싶다는 생각뿐이었다. 나는 마음속 응어리를 해소하려는 시도로 단편 시나리오를 쓰기 시작했다.

<점심시간>
교실에 혼자 남은 '영오'가 도시락을 꺼낸다. 도시락 뚜껑을 열려는 찰나, 담임 선생님이 교실 문을 열고 들어온다. 그러더니 왜 급식을 먹지 않고 튀는 행동을 하냐며 다짜고짜 영오를 나무란다. 영오는 본인이 채식을 하다 보니 학생 식당에 앉아 있는 게 불편하다 말해보지만, 담임 선생님은 학생이 무슨 채식이냐며 다그칠 뿐이다.

담임: 풀 쪼가리만 먹고 무슨 공부를 하겠어. 마음은 알겠는데, 채식을 하려거든 대학 가서 해.

영오는 말없이 도시락 뚜껑을 연다. 그런데 도시락 첫 번째 칸 안에는 음식이 아니라 웬 수영 모자와 물안경 같은 것들이 들어 있다. 영오가 그것들을 하나씩 꺼내 쓰자 선생님의 얼굴이 갑자기 말랑말랑해진다. 영오는 순식간에 물속에 있다. 선생님의 화내는 소리는 보글보글 더 이상 알아들을 수 없다. 영오는 그제야 두 번째 칸을 열어 밥을 먹기 시작한다.

선생님은 숨을 참지 못하고, 결국 교실 밖으로 달려나간다.

살짝 올라가는 영오의 입꼬리 (ECU)

단편을 구상하며 이렇게 즐거웠던 적도 없었던 것 같다. 채식을 괴짜 식성이나 부르주아적 취향이라 비아냥거리는 사람들을 향한 내 나름의 소심한 복수! 사람들의 인식이 많이 달라졌다고는 하지만 채식인의 도시락에는 여전히 별도의 도움 장치가 필요할 때가 많다. 나의 이런 판타지가 비거니즘을 실천하는 청소년들에게도 소소한 즐거움이 되길 바라며 촬영 준비에 박차를 가했다. 장소 섭외는 물론이고 물을 어떤 식으로 구현하면 좋을지도 모두 생각해두었는데, 영화로 완성하지는 못했다. 순전히 문어 선생님 '덕분'이다.

다큐멘터리 영화 <나의 문어 선생님>에는 유독 공감되는 지점이 많았다. 고양이 '모리'를 만나러 산에 다니던 지난 2년 동안 나는 영화와 똑같은 과정을 육지에서 겪었다. 상어에게 쫓기는 문어의 모습에 들개들에게 쫓기던 모리가 겹쳐 보였다. 우연히 그 추격전을 목격한 날, 나는 모리를 번쩍 들어 안아 집으로 데려가고픈 충동을 억눌러야 했다. 모리는 나보다 훨씬 먼저 개들의 움직임을 파악했고, 재빨리 가장 가까운 나무를 찾아 도망쳐 올라갔다. 모리에게는 분명 그곳에서의 삶이 있었다. 지켜보는 내 마음이 힘들다는 이유로 야생성이 강한 모리를 좁은 실내 공간으로 데려가는 게 과연 모리를 위한 일인지도 확신할 수 없었다. 그날 이후로 늘 만나던 시간에 모리가 나타나지 않으면 온갖 불길한 생각에 사로잡혀 종일 아무것도 할 수 없었다. 영화에서 감독이 문어를 걱정하며 기어코 밤바다에 들어갔던 것처럼, 나도 밤이고 새벽이고 산에 올라 모리를 기다렸다. 모리의 밤 사정까지 알게 되면 내 마음이 더 괴로워질 수 있단 걸 알면서도. 이듬해 겨울, 이틀 동안 모습을 보이지 않던 모리가 이빨이 부러진 채 돌아왔을 때 나는 구조를 망설이지 않았다. 하지만 감독은 이번에도 그럴 수 없었다. 문어는 바다에 사는 동물이니까.

 문어 선생님의 모습이 떠오를 때마다 밀려드는 무력감을 견뎌야 했다. 나는 아주 긴 후유증을 앓고 나서 <점심시간>의 시나리오를 반으로 접었다. 더는 물속으로 도망치는 상상을 할 수가 없었다. 문어가 이곳에 올 수 없다면, 내가 그곳에 갈 수도 없다는 단순한 사실을 그제야 알았다.

 상상에는 아무런 힘도 없다지만, 상상만큼 강한 파괴력을 지닌 것이 또 없다고 느낀다. 걸어서 갈 수 없는 곳으로 가려는 상상, 하늘을 나는 상상, 바다를 가로지르는 상상, 그것들이 만들어 낸 것… 모두 상상이 저지른 일들이다.

물속은 나까지 보태지 않아도 충분히 소란했다. 그곳의 소리를 들을 수 있는 귀가 내게 없을 뿐.

눈 (Eye) 소0●

 첫 번째 책 『살리는 일』을 내고 팟캐스트에 출연한 적이 있다. 황인찬 시인이 진행을 맡은 프로그램 <당신이라는 수수께끼>로, 제작진은 내게 소중하게 여기는 단어 두 개를 준비해 오라고 했다. 그 단어를 가지고 진행자와 이야기를 나누는 형식이었다.

 곧바로 두 단어가 머릿속에 떠올랐다. 하나는 당연히! '동물', 다른 하나는 '동생'이었다. 동물 혹은 동물권은 내 삶의 마지막 어휘이고, 그 과정을 처음부터 끝까지 함께하는 사람이자 내 인생의 반려인이 바로 동생이니까. 그런데 이렇게 두 개를 뽑아 가면 내가 방송을 감당할 수 있을지 자신이 없었다. (시인님 앞에서 눈물이라도 터진다면….) 동물에 얽힌 모든 이야기는 사실 수영과 관계되므로, 두 가지 이야기가 중첩될 것 같다는 우려도 있었다. 고민 끝에 내가 들고 간 키워드는 '눈(eye)'이었다.

조금 이상하게 들릴지 모르지만 내게 눈은 정말로 특별한 신체 기관이다. 책을 보고, 미술을 보고, 영화를 보는 모든 행위가 눈을 통해 이루어지기 때문에, 눈이 없다면 내 삶의 형태가 어떻게 달라질지 상상할 수 없다. 물론 대부분의 사람에게 눈은 필요하고 소중한 기관이지만, 저 답변을 생각할 때의 나는 얼마간 비장했던 것 같다. 내게 무언가를 보는 행위는 살짝 과장하면 숨 쉬는 행위와도 같아서, 볼 수 없다면 살 수 없을 거라는 압박감 비슷한 것마저 느꼈다.

동물을 돌보는 일을 몇 년간 해오면서 나는 취미 비슷한 것을 거의 잃어버렸다. 해외여행은 고사하고 국내 당일치기 여행도 영 쉽지 않아서, 시간을 많이 투자해야 하는 취미 활동은 닿을 수 없는 꿈같은 것이 되었다. 그래서 나는 늘 절박한 마음으로 가까운 거리에서 볼 수 있는 것들을 찾아다녔다. 자투리 시간에 볼 수 있는 영화, 회사 근처 미술관에서 볼 수 있는 그림들이 말할 수 없이 소중했다. 불안과 오욕이 여기저기 들러붙으면 가라앉은 몸을 이끌고 꾸역꾸역 미술관과 극장에 찾아갔다. 비로소 나의 피난처에 도착하면 뜨거운 숨을 몰아쉬며 쌓인 것들을 배출했다. 그러니까 그곳에서, 나는 늘 울 준비가 되어 있었다.

그리고 무엇보다 책이 있었다. 상처 주는 말과 비난하는 눈길 사이에서 책은 내게 유일한 방패였다. 참을 수 없을 정도로 눈물이 차오르는 날이면 점심시간에 책을 싸들고 사무실을 나섰다. 한 권을 펴서 그 속에 곧바로 머리를 묻으면 그제야 안전하다는 감각이 나를 감쌌다. 그러니까 아침에 눈을 떠서 잠드는 순간까지 눈은 내게 거의 모든 것이었다. (앞이 보이지 않는다면 동물을 구조하고 동네 고양이의 밥을 챙기는 일도 거의 할 수 없을 것이다.)

그러나 여기까지 생각하자 의문이 밀려왔다. 눈이 내게 아무리 소중한들, 특정 신체 기관에 이 정도의 중요성을 부과하는 것이 옳은가? 이것은 그 자체로 시각 중심주의를 강화하는 행동이 아닐까? 내가 앞을 볼 수 없는 사람을 원천적으로 배제하고 있는 것은 아닌가…. 수영에게 이야기하자 꽤 긴 시간을 고민하더니, 내게 눈 말고 다른 것을 선택할 수 없냐고 물었다.

그러나 불행하게도 다른 것이 떠오르지 않았다. 완전히 새로운 것을 고를 시간적 여유도 그다지 없어서, 나는 결국 '동물'과 '눈'을 답변으로 적어 보내고 말았다. 물을 엎질러 놓고도 걱정이 그치지 않았던 나는, 그날 녹음을 하면서 이런 마음을 털어놓을 수밖에 없었다. 부디 나의 언어가 누군가의 마음을 아프게 하거나 다치게 하지 않았으면 좋겠다고. 하지만 1년 하고도 6개월 가까이 지난 지금 다시 생각해보아도, 그런 선택은 하지 않는 편이 나았을 것 같다.

어느 날 SNS 친구 중 한 분이 눈에 관해 올린 글을 보고 의문이 생겼다. 출판사를 운영하는 그분은 눈이 갈수록 침침해져서 출판 일을 늘릴 수 없을 것 같다며, 최근 자주 안과를 방문한다고 했다. 그러면서 이렇게 적었다. "(다른 일을) 해보면 알게 될 것이라고, 눈이 얼마나 필요한지를."

분명히 눈의 중요성에 대해서 말하고 있는 글이었는데, 어찌 된 일인지 시각장애인을 배제한다는 느낌이 전혀 들지 않았다. 문투의 차이인가? 아니면 단정적으로 말하지 않는 매사 신중한 글쓴이의 성격 때문에? 그것도 아니면 내가 평소 이분의 글을 좋아해서? 이 글을 읽는 독자들은 어떻게 생각할지 모르겠다. 지금까지도 나는 이 문제의 답을 잘 모르겠으니까.

위 문단까지 쓴 후, 이 글을 어떻게 끝맺어야 할지 몰라 망설이고 있었다. 그런데 쓴 글을 다시 읽어본 지금은 이런 생각이 든다. 미안하다는 마음을 품는 것이 오히려 더 큰 문제가 아닌가 하는. 그러니까 시각장애인과 비-시각장애인은 서로 '다른 방식으로' 세상을 볼 뿐인데, 눈의 중요성을 강조하는 것이 시각장애인을 아프게 할 거라고 미루어 짐작하는 것이 역설적으로 시각 중심적인 것 아닌가 하는 생각.

역시나 어려운 문제다. 그렇지만 이런 혼란은 언제까지고 적극적으로 겪어야 하는 것이겠지. 무언가를 쓰는 사람으로서, 내가 쓰는 것에 최소한의 책임을 지기 위해서라면.

길 위에서

수0●●

 허허벌판이던 동네가 건물들로 빼곡해지기까지 5년이 채 걸리지 않았다. 그러기 위해 얼마나 많은 노동자가 이곳을 다녀갔을까. 거주하는 사람이 거의 없었던 개발 초기에 동네에서 마주치는 사람이라곤 공사 노동자뿐이었고, 활발히 영업 중인 가게는 건설 노동자 식당인 '함바집'뿐이었다. 식당은 한 건물에 하나씩, 심지어 내가 거주 중인 건물엔 두 곳이나 있었다. 그 바람에 점심시간만 되면 공사장 노동자 수십 명이 식사를 해결하기 위해 우리집이 있는 건물로 몰려왔다.
 문제는 식사 이후였다. 순식간에 식사를 마친 노동자들은 식당 아래층에 있는 편의점에서 시원한 커피나 에너지 음료 같은 것들을 사들고 나와 길가나 화단에 걸터앉았다. 다른 사람들이 불편해하거나 말거나 그들은 점심시간이 끝날 때까지 그곳에 머물러 시끄럽게 떠들고 담배를 태워 댔다. 왁자지껄한 분위기는 물론 뿜어져 나오는 담배 연기도 달갑지 않은데 그보다 최악인 것은 마스크였다. 휴식 중인 사람 누구도 마스크를 쓰지 않았다. 일부는 그 상태로 건물 안까지 들어와 복도에 누워 잠을 잤다. 나는 그들 옆을 지날 때마다 보란 듯이 눈을 흘기고 내가 쓰고 있는 마스크의 코 지지대를 꾹 눌렀다.

비가 추적추적 내리자 평소에 이용하던 도로에 차들이 가득 찼다. 시간 여유가 없어서 할 수 없이 우회로로 방향을 틀었다. 이곳 우회로는 일반 도로를 타려던 사람들이 고속도로로 잘못 진입했다가 무리해서 핸들을 꺾어 돌아나오는 경우가 많아서 될 수 있으면 피해 다니는 곳이다. 또 지난번처럼 누가 튀어나오진 않을까 주변을 살피고 있는데, 순간 아시온 앞쪽으로 뭔가가 통통통 굴러왔다. 당연히 음료수 캔일 거라 생각하면서도 혹시나 싶어 창문을 내렸다. 음료수 캔은 태어난 지 한 달 정도 된 아기 고양이로 밝혀졌다. 곧장 비상등을 켜고 차에서 내렸다. 쌩쌩 달리는 차들 사이에서 어쩔 줄 모르던 고양이는 내 차가 멈춰 서자 재빨리 그 밑으로 숨어들었다. 뭐라도 해봐야겠다 싶어 조심스레 손을 뻗었는데 겁에 질린 아기 고양이가 뒷걸음질을 쳤다. '포획틀을 설치해야 할까?' '설치한다면 어디에?' '설치 중에 고양이가 놀라서 달아나면?' 이러지도 저러지도 못하고 발만 동동 구르고 있는데 상황을 알 리 없는 뒤차들이 신경질적으로 경적을 울리기 시작했다. 아기 고양이가 그 소리에 놀라 내 차의 엔진 룸으로 올라가버린 건 그나마 다행이었다. 물론 그렇다고 해서 곧장 보닛을 열 수는 없었다. 뚜껑 열리는 소리에 놀라 고양이가 다시 차도로 뛰쳐나가면 큰일이니까.

도와줄 사람이 필요했다. 보닛을 열어주거나, 내가 보닛을 열면 자동차 밑을 지켜봐줄 누군가가. 지나가는 차들을 향해 도움을 청했지만 비 때문인지 사람들은 창문조차 내리려 하지 않았다. 나는 멈추지 않고 손을 흔들었다. 하얀 트럭 한 대가 다가왔다. 조수석에 앉아 있던 아저씨가 "퍼졌어요?" 물었고, 나는 보닛에 아기 고양이가 들어갔다고 답했다. 목덜미에 두르고 있는 수건이 익숙한 게 공사장 노동자들인 것 같았다. 나는 그들이 내 말을 듣고는 당연히 그냥 지나칠 줄 알았다. 어쩌면 그냥 지나가주길 바랐는지도. 아저씨들이 괜스레 과격한 행동이라도 해서 아기 고양이를 놓치면 어쩌나 하는 걱정 때문이었다. 그때 운전석에 앉아 있던 아저씨가 "우리가 도와주자!"라고 말했고, 차에서 무려 세 사람이 내렸다. 아저씨들은 비에 젖은 바닥에 조금의 거부감도 없는 것 같았다. 다들 나를 따라 주저 없이 도로 위에 엎드렸다. 두 아저씨에게는 계속해서 바닥을 살펴봐달라고 하고, 다른 한 아저씨에게는 보닛을 최대한 조심해서 열어달라고 부탁했다. 아저씨들은 과격한 행동은커녕 나보다도 더 긴장한 모습이었다.

보닛이 열리자 겁에 질린 아기 고양이의 얼굴이 보였다. 기진한 아기 고양이는 저항할 힘도 없다는 듯 내 품으로 들어왔다. 아저씨들은 "아이고, 이놈 너 이제 살았다!" 껄껄껄 웃더니 내가 제대로 감사 인사를 하기도 전에 순식간에 도로를 빠져나갔다.

아기 고양이를 구조한 다음 날에도 동네엔 여전히 공사 노동자들이 있었다. 노상 주차장에 서서 땀에 젖은 작업복을 훌러덩 벗어던지고 속옷 차림으로 생수를 들이켜는 모습도 그대로였다. 나는 그제야 마땅치 않은 그들의 휴식 공간을 생각했고 작업 환경을 고려하지 않은 마스크 착용 의무에 마음이 쓰이기 시작했다. 마치 여름이 그 순간에 시작되기라도 한 듯이.

퇴근한 박소영과 마트에서 만났다. 장바구니를 두둑이 채워 집으로 돌아가는데, 멀리 도로 위에 하얀색 무언가

가 떨어져 있는 게 보였다. "아니겠지?" "아니겠지…." 가까이 가는 내내 아니길 바랐지만 하얀 무언가는 사고를 당해 목숨을 잃은 고양이가 맞았다. 차를 갓길에 세우고 서둘러 달려갔다. 얼굴을 알아보기 힘들 정도로 머리 쪽이 심하게 훼손되어 있었지만 아무리 봐도 '얼중최'였다. 오늘 낮에도 내가 캔과 건사료를 배불리 챙겨 먹인 고양이. 크고 또렷한 눈망울을 가진 이 고양이는 처음 만난 순간부터 내가 자신의 식사를 책임지는 사람이라는 걸 빠르게 알아차렸다. 그날부터 나는 이 영리한 고양이를 만날 때마다 "얼룩이 중에 최고!" 엄지를 치켜들어 인사했고, '얼.중.최'는 그렇게 이름 아닌 이름이 되었다. "얼중최가 여길 어쩌다 건넌 걸까…?" 내가 망연히 주저앉아 울고 있자 박소영은 이제 움직이자고 나를 다그쳤다. 그 순간에도 차들은 우리 옆을 빠르게 지나갔고, 서두르지 않으면 안 되는 위험한 상황이었다. 박소영을 따라 일어서려는데 팔다리가 바들바들 떨리고 손발이 뻣뻣하게 굳어 잘 움직이지 않았다. 눈에 눈물이 차올라서 달려오는 차들을 살피는 것만으로도 정신이 없었다.

그때 배달 오토바이 한 대가 우리 옆으로 와 멈춰 섰다. 타고 있던 사람은 고등학생처럼 보였다. 학생은 우리에게 "키우시던 아이예요?"라고 물었고, 나는 근처에서 밥을 챙겨주던 고양이라고 답했다. 그는 말없이 고개를 끄덕이더니 "제가 뒤쪽을 봐드릴게요" 말하고는 우리 뒤로 돌아가 비상등을 켜고 한참을 서 있었다. 가까스로 얼중최의 몸을 들어올리자 머리 쪽에 고여 있던 피가 후드득 떨어졌다. 그때까지 잘 참고 있던 박소영도 결국 큰소리로 울음을 터뜨렸다. 우리는 이를 악물고 얼중최의 몸을 들어 옮겼다. 그 마지막 모습이 머리를 가득 메운 탓일까, 그날 저녁에 있었던 대부분의 일들이 흐릿하다. 우리의 뒤를 지켜준 고마운 마음도….

코로나19로 인해 배달 수요가 급증하자 온 동네가 오토바이 엔진 소음으로 가득 찼고, 사고 소식도 그만큼 더 자주 들려왔다. 기사를 클릭했다. 배달 노동자 대다수가 배달 중에 사고가 나도 산재 보상을 받지 못한다는 내용이었다. 기사를 읽고도 사고를 안타깝게 여기거나 시스템을 문제 삼는 사람은 없었다. "그렇게 운전하는데 사고가 안 나는 게 이상하지" "자기들이 잘못해놓고 무슨 보상 타령이냐" 같은 댓글이 대부분이었다. 고백하자면 나 역시 이런 댓글에 내심 공감하고 있었던 것 같다. 라이더들 때문에 화가 났던 순간을 부득불 떠올려가며 마우스 휠을 굴리는데 댓글 하나가 눈에 들어왔다. "요즘 라이더가 한 달에 오륙백만 원을 번다는데 그게 말이 되냐? 학교 다닐 때 공부 XX

안 한 것들이 대학 나온 회사원보다 더 번다는 게 황당할 따름. 더 벌고 싶어서 신호 위반하는 걸 왜 국가가 나서서 보상해줘야 함? 처벌도 아니고. 죽고 싶으면 혼자 죽어라."

 나는 무슨 말이 듣고 싶어서 저것들을 계속 읽고 있었던 걸까. 그 순간 우리 뒤를 지켜주던 그 학생이 떠올랐다. 도로 위의 위험을 누구보다 잘 알고 있었던 그 학생이.

 미워하는 것만큼 쉬운 게 없구나.

어느 예술–애호–자매의 변심기 소0●

    우리 자매의 수평적 관계는 일상 거의 모든 부분에 영향을 미친다. 서로를 '언니'나 '동생'이 아니라 이름으로 부르며 소통하는 방식은 대화 내용 역시 지배한다. 그래서 내가 수영에게 무언가를 지시하거나 가르치는 경우는 거의 없는 것 같다. (반대의 경우는 종종 있다.)

    우리의 소통 방식은 대강 이렇다. 하나의 사안을 두고 둘 중 한 사람이 자기 의견을 말하면 다른 한 사람이 거기에 동조하거나 반박한다. 이 과정에서 처음에는 작은 점 하나에 불과했던 것이 점 두 개가 되고, 점들이 이어지면서 하나의 큰 점을 만든다. 몸피를 불린 점은 상하좌우로 조금씩 움직이며 선을 그리는데, 우리는 삐뚤빼뚤 그어진 그 선을 몹시 귀하게 여긴다. 그것은 한 시절 우리의 생각이 어디에 고여 있었는지 가늠할 지표이기도 하고, 훗날 두고두고 추억할 장면이기도 하니까.

재미있는 것은 우리조차 놀랄 만큼 죽이 잘 맞는 날이 있다는 사실이다. 정신을 차리고 주위를 둘러보면 둘은 전혀 다른 세상에 도착해 있고, 이전엔 본 적 없는 풍경이 우리를 에워싼다. 수영과 나는 잠시 그곳의 청량한 공기를 들이마시고 현실로 돌아온다. 이런 날이면 나는 말하려는 수영을 멈춰 세우고 녹음 버튼을 누른다. "잠깐! 지금 이건 녹음해야 할 것 같아!" 다급히 외치면서.

대화의 방식은 그대로지만, 최근에는 내용이 많이 달라졌다. 요사이 우리 화제의 중심은 너무도 명백하게 '동물'인데 사실 몇 년 전까지만 해도 전혀 그렇지 않았다. 우리는 오로지 예술에 대해서만 대화했으니까. 말하자면 우리는 예술-애호-자매였다. 중고등학교 시절 밤새 영화를 보느라 학교에선 잠만 자는 학생이었던 수영은 대학에서 연극, 그중에서도 연기를 전공했다. 셰익스피어의 「말괄량이 길들이기」나 막심 고리키의 「밑바닥에서」 같은 희곡 작품을 연기하러 무대에 오르는 수영 덕분에, 대학에서 문학을 전공하고도 문학과 떨어져 살았던 나는 뒤늦게 고전에 눈뜰 수 있었다.

「갈매기」와 「벚꽃 동산」, 「바냐 아저씨」 같은 안톤 체호프의 4대 장막극을 질리도록 보았고, 본 작품을 책으로 사서 다시 읽었다. 사무엘 베케트, 페터 한트케도 연극으로 먼저 만났다. 스트린드베리나 이오네스코, 몰리에르의 작품을 보았다는 것은 그 시절 내게 자랑 아닌 자랑이었다.

　영화나 미술을 말하자면 이야기는 더 길다. 다른 영화 마니아들이 그러하듯 우리 역시 영화 한 편을 보면 몇 시간이고 떠들 수 있는 자매였다. 수영이 좋아하는 감독은 그대로 내가 좋아하는 감독이 되었고(멀리 에릭 로메르와 자크 타티가 있다면 가까이에는 노아 바움백과 홍상수가 있다) 나는 꼭 봐야 할 영화들의 목록을 만든 뒤 도장 깨기를 하듯 본 것들을 지워나갔다. 오즈 야스지로의 흑백 영화를 보기 위해 예술 영화관을 뒤졌고, 허우 샤오시엔과 압바스 키아로스타미의 작품을 구하려고 영화광 친구를 동원했다.

　좋아하는 화가의 시선을 경유해 지금-여기를 다시 보는 것은 둘만의 즐거움이었다. 우리는 세잔과 뒤피, 호퍼가 세계를 보는 방식에 흥미를 느꼈고, 고흐와 이중섭이 세상과 맞섰던 방식 때문에 울었다. 언젠가는 커트 보니것의 시선을 빌려 예술가를 두 부류로 나누기도 했는데 하나는 예술의 역사에 대응하는 부류, 나머지 하나는 세상에 대응하는 부류였다.[7] 우리 기준에서 피카소는 너무도 명백하게 전자, 고흐는 후자에 속했다. 그것이 우리가 고흐를 사랑하는 이유였다. (피카소는 혁신을 지상 최고의 과제로 삼는 '야망남'이자 늘 머리가 심장보다 앞서는 사람이었다.) 우리의 열정은 여기에 그치지 않아서, 이름난 화가의 작품을 곧잘 걸작과 범작으로 나누곤 했다. 물론 어디까지나 우리만의 기준으로. 그 사이, 수영은 연기하는 사람에서 연출하는 사람이 되었고 짧으면 10분, 길면 50분 남짓의 영화에 자신의 이야기를 담기 시작했다.

우리는 여전히 좋아하는 감독의 영화를 보기 위해 영화관에 가고, 우리의 정신을 재배열할 작품을 만나기 위해 미술관에 간다. 그러니 예술을 두고 '변심'이라는 표현을 쓰는 것은 어쩌면 옳지 않을지 모른다. 더는 예술 작품을 향유하지 않는다거나 소비하지 않는다는 말은 아니니까. 그러나 확실한 것은, 이제는 냉담한 얼굴로 예술 바깥에 서 있는 일이 꽤 잦다는 것이다. 예술과 예술가에 품었던 과거의 선망이나 동경 같은 것은 이제 없(는 것 같)다. 그런 존중을 받아 마땅한 작품과 사람은 매우 드물뿐더러, 우리의 존중이 가야 할 곳 역시 거기가 아니라는 사실을 깨달았기 때문이다.

7) 이 이야기는 『살리는 일』에도 썼다.

회사 근처 미술관에서 열린 미디어아트전을 보러 간 날의 이야기다. 최신 기술로 파도를 재현해 놓은 전시였는데, 입구에 들어서자마자 묘한 기분에 사로잡혔다. 디지털 기술로 만든 물결은 색과 파형이 진짜 파도에 가까워서 잠시 다른 생각을 하면 이곳을 바다라고 착각할 수도 있을 것 같았다. 사람들은 저마다 휴대폰을 들어 이 광경을 동영상으로 촬영했다. 몇몇은 전시장 구석에 앉아 자기 몸을 훑고 지나가는 파도를 들여다보았다. 그들에게 이 작은 미술관은 해변이나 다름없어 보였다.

어디에서든 물을 만나면 이끌리는 나 역시 얼마간 카타르시스를 느꼈음을 고백한다. 크고 작은 고민을 안고 미술관을 찾은 나는 거대한 파도가 나를 휩쓸도록, 완전히 적시도록 스스로를 내버려두고 싶었다. 어쩐지 파도에 항복해버리고 싶은 심정이었다고 할까. (나는 씻김이나 정화의 이미지에 몹시 취약하다.) 그런데 그날 밤, 수영과 대화하면서 무언가 잘못되어가고 있다는 생각이 들었다.

수영은 지금 같은 시대에 예술이 말해야 하는 것은 '어디에서나 바다를 만날 수 있다'가 아니라 '바다는 바다에 가야만 볼 수 있다'가 되어야 한다고 단호하게 말했다. 그러니까 진짜 바다를 대체할 수 있는 것은 지구상 어디에도 없다는 것, 그러므로 좋은 예술 작품이라면 바다를 지키기 위해 지금 이 순간 할 수 있는 일을 해야 한다는 것을 일깨워야 한다고. 나아가 언제라도 바다를 만날 수 있도록 서울 한가운데에 바다를 재현해놓는 것은 그래서 윤리적이지 않다고 덧붙였다. 그날 내가 위로받았음을, 명백한 위안이 거기 존재했다는 사실을 부인할 수 없지만 수영의 말은 무거운 진실에 가까웠다.

 많은 사람들이 예술을 통해 다친 마음을 위로받는다고 이야기한다. 평범한 사람에게 위로란 일상을 굴릴 동력이자, 상처나 벌어진 육체에 바르는 연고와도 같은 것이다. 모든 것을 포기하고 싶은 사람에게는 기어이 한 발을 내딛을 힘이 되어 주기도 한다. 그러나 이때 위로가 우리의 과오를 은폐하는 방향으로 기능한다면 그것은 기만이자 망가진 사회를 방기하는 해악이 될 수 있다. 우리가 망가뜨린 이 행성에 우리는 전적으로 가해자가 아닌가? 그런데 지구를 이렇게나 황폐화한 우리가 스스로를 위로한다고? 또 다른 바다를 '예술로' 창조함으로써?
 이것은 감각적인 경험만을 소비하기를 원하는 현대 대중의 경향과 뗄 수 없는 문제이기도 하다. 문화평론가 서동진은 동시대 예술이 감각적인 것으로 축소되는 세태를 비판하면서, 예술이 지성적 역할을 포기해선 안 된다고 지적한 바 있다.[8] 거칠게 바꿔 말한다면, 감각의 즐거움에 탐닉한 나머지 반성과 성찰을 등한시해서는 안 된다는 것이다. 더욱이 그 미디어아트를 수많은 사람들에게 보여주기 위해 소비하는 전력은 또 어떻게 감당해야 하는지….

종종 예술은 예술이라는 이름으로 너무나 많은 것을 덮는다. 다른 생명을 대상화하고, 원하는 대로 데려다 쓰며 착취한다. 그리고 그 존재를 영감을 주는 대상으로 포장한다. (미술관 관계자에게 마우리치오 카텔란이 벌인 일-말과 비둘기, 개와 당나귀를 박제했다-에 대해 질문하자 돌아온 답변을 잊을 수 없다. "동물들을 박제함으로써 그들을 예술 작품으로 영원히 살아 있게 했으니 그들에게 더 좋은 일이 아니냐"고. 나는 그의 면전에서 타박하지 않으려고 있는 힘을 다해야 했다.)

나는 예술이라는 단어에서 거품을 걷어내는 상상을 한다. 공중에 떠 있는 그 단어의 끄트머리를 잡고 그것을 사람들의 눈높이로 끌어내린다. 아니, 그 낱말에 온갖 의미를 부여했던 과거의 나를 바로잡는다. 그 어떤 것도 삶 앞에, 생명 앞에 존재하지 않는다. 예술은 이 당연한 명제를 우리 눈앞에 제시할 수 있을 때만 예술이다.

---

[8] 서동진 지음, 『동시대 이후 : 시간-경험-이미지』, 현실문화A

모자가 낡으려면

수0●●

머리숱이 눈에 띄게 줄어든 엄마가 모자에 부쩍 관심을 보이기 시작했다. 머리 눌리는 걸 싫어해서 햇볕 쨍쨍한 날에도 모자엔 눈길조차 주지 않던 엄마였는데, 이제는 흐린 날에도 정수리를 다 덮는 벙거지 모자를 찾아 쓴다. 엄마와 함께 모자 구경을 다니기 시작한 건 그 무렵이다. 나는 엄마에게 잘 어울리는 모자의 모양과 색상을 기억해 두었다가 깜짝 선물하는 걸 즐긴다. '고정적 수입 없음'의 유일한 장점은 선물할 구실을 만들기 좋다는 것. 새로운 일을 시작하게 됐다든가 잊고 있던 원고료가 입금된 날이라든가. 그렇게라도 해서 엄마의 기쁜 얼굴을 보고 나면 내가 드물게라도 돈을 벌고 있다는 사실이 조금은 위로가 된다.

찜해두었던 감색 모자가 예고도 없이 품으로 날아들자 엄마는 저녁 내내 싱글벙글했다. 당장이라도 쓰고 나갈 것처럼 기뻐하던 엄마는 그러나 한 달이 다 지나도록 새 모자를 쓰지 않았다.

엄마가 감색 모자를 (가끔이지만) 꺼내 쓰기 시작한 건 몇 달 뒤 내가 선물한 베이지색 모자 덕분이었다. 함께 점심을 먹으러 나간 그날도 우리는 숟가락을 내려놓기가 무섭게 모자 매장을 찾았다. '못 보던 모자다!' 우리 모녀의 떨리는 눈빛을 읽은 직원은 "신소재라 통기가 좋고 비를 맞아도 수축하거나 틀어지지 않는다"며 모자를 번쩍 들어 보였다. 과연 그 정도 기능은 있어야 납득할 만한 금액이었다. 직원이 한번 써보라고 권하자 엄마가 손사래를 쳐서 내가 대신 모자를 건네받아 엄마의 머리에 척! 하고 얹어버렸다. 직원은 "이 모자가 어제 딱 두 장 들어왔는데 한 장은 들어오자마자 팔렸고, 나머지 한 장은… 지금 어머니가 쓰고 계시네요"라며 코를 찡그리고 웃었다. 내가 홀린 듯 지갑을 꺼내들자 엄마는 모자를 잽싸게 벗어던짐과 동시에 나를 매장 밖으로 떠밀었다. 저녁 내내 머리를 굴렸지만 아무래도 선물할 구실이 생길 때까지 모자가 우리를 기다려줄 것 같지 않았다. 나는 다음 날 일찍감치 나가서 하나 남은 모자를 사들고 돌아왔다. 엄마는 이 두 번째 모자 역시 여러 달이 지나도록 쓰지 않았다.

　물건 아끼기라면 나야말로 둘째가기 서러운 인물이라 엄마의 행동을 영 이해하지 못하는 건 아니었다. 나는 엄마보다 한술 더 떠, 새 물건을 아끼겠다고 종종 몸을 혹사하기도 했으니까. 이를테면 새 신발을 아끼느라 밑창이 다 닳아서 미끄러운 신발을 한동안 더 신고 다닌다든가, 새로 산 카트가 망가질까봐 정작 가장 무거운 짐은 직접 들어 옮긴다든가 하는 식이다. 이왕 이렇게 된 김에 몇 가지 더 고백하자면, 자동차를 사고 약 1년 가까이 아시온의 내부를 더럽히는 사람(박소영)을 감시하느라 신호만 걸리면 전전긍긍했다.(머리카락을 왜 바닥에 버리는 거야! 왜 재채기를 문짝에 대고 하는 건데!) 노트북이나 스마트폰을 장만한 날은 흠집이라도 날까 불안해서 즐기기는커녕 오히려 스트레스를 받았다. 비교적 고가의 물건이니까 그럴 수 있지 않느냐고? 나는 세일에 세일을 거듭한 칠천 원짜리 민소매 티셔츠도 아끼느라 묵혀두고 입지 못한다. 본가로부터 독립하던 날 장롱 깊숙한 곳에서 가격표도 제거하지 않은 옷들이 쏟아져 나왔을 때의 당혹스러움이란….

　이런 무분별한 물건 아끼기(소비를 줄이기 위한 것이 아니었으므로)로부터 날 구제한 건 이번에도 고양이 '토라'였다. 토라와 함께 산 뒤로 나는 되고 싶은 것도, 갖고 싶은 것도 없는 사람처럼 지냈다. 그저 어떻게 하면 토라와 더 많은 시간을 보낼 수 있을까 궁리할 뿐. 뭘 사더라도 다른 사람의 시선부터 의식하기 바빴던 내가 집과 동네에만 머무르니 옷을 살 이유는 물론 사놓은 가방을 아낄 필요도 없었다.

내게 일어난 변화에 유독 마음을 쓰는 사람은 엄마였다. 박소영과 내가 '한창 가꾸고 놀러 다닐 나이'에 동물 구호 활동을 한답시고 푸석푸석한 얼굴에 낡고 해진 옷을 입고 있으면 엄마는 심란한 기색을 감추지 못했다. 엄마는 우리가 적은 돈이나마 저축하고 건강 관리도 하면서 친구들과 어울려 여행하는 젊은 시절을 보내길 바랐다. 엄마의 마음을 모르지 않았지만, 그렇다고 해도 멈출 수는 없었다. 동물들을 살리려고 분투하는 우리 자매가 가장 많이 목격한 건 아이러니하게도 죽음이었기 때문에. 예정된 죽음과 예기치 못한 죽음. 어제까지 캔을 달라고 조르던 '엘렌'이 오늘부터 이 세상에 없다는 기막힌 사실 앞에서 우리가 할 수 있는 건 하나뿐이었다. '오늘이 마지막이라는 생각으로 만날 것.' 재고 따질 여유가 없었다. 일단 내가 가진 무언가를 내려놓아야만 누군가가 고통과 굶주림에서 벗어날 수 있었다.

엄마 역시 그 과정을 수차례 목격했기 때문에 속상한 마음이 들어도 우리를 적극적으로 말리지 못했다. 그렇게 평소엔 감정을 잘 드러내지 않는 엄마지만, 내가 타투만 새기고 오면 그걸 핑계 삼아 참았던 말들을 쏟아내곤 했다. 나는 우리집 고양이들뿐 아니라 떠나간 생명을 기리고자 내 몸 곳곳에 그들의 흔적을 새긴 터였다. 내게 타투는 몹시 의미 있는 일이었는데, 엄마 눈엔 그저 피부를 낭비하는 것으로만 보이는 모양이었다. 엄마의 핀잔은 매번 "지금은 이해할 수 없겠지만"으로 시작해 "후회할 땐 이미 늦은 거야"라는 말로 끝이 났다. 엄마의 그 말들이 비단 타투만을 겨냥한 게 아니라는 것쯤은 나도 잘 알았다.

평생 책임져야 할 동물 식구들이 늘어나면서 박소영과 나 역시 저축의 필요성을 무겁게 느끼고 있다. 하지만 딱 그만큼일 뿐, 엄마가 생각하는 방식으로 젊음을 아끼고 싶지는 않았다. 나중을 위해 모으고, 나중을 위해 참는 건 글쎄. 그런데 이걸 어떻게 전해야 엄마가 우리를 온전히 이해할 수 있을까. 나는 내 몸에 새겨진 흔적들을 들여다봤다. 그러고는 어렴풋이 상상했다. 나이 든 내 몸과 주름진 검은 선들을. 엄마의 말처럼 이 흔적들이 나와 함께 나이 들 수 있다면 얼마나 좋을까. 그렇다는 건 우리가 젊음을 무사히 통과했다는 뜻이겠지. 우리의 지갑이 나이 들어서도 얇은 채로 있다면 그건 이 일을 후회 없이 계속했다는 증거일 테고. 설령 후회한다 해도 그건 나이가 든 나의 몫이었다. 이런 나를 젊은 시절에 둔.

"뭐가 됐든 나이 든 다음에 생각할래."

그날의 대화는 엄마의 얼굴이 펴지지 않은 채로 마무리되었다. 며칠 뒤 현관에 들어선 엄마가 신발도 벗지 않은 채로 고백할 게 있다며 나를 불렀다. "뭔데?" "오다가 감색 모자를 잃어버렸어." "진짜?" 엄마는 머리가 덜 말라서 모자를 손에 들고 나갔는데 쓰려고 보니 없었다며 조금 전의 일을 설명했다. 지나온 길을 되돌아가며 샅샅이 살폈지만 찾을 수 없었다고. 관리실에 전화 좀 걸어봐달라고 말하며 벌겋게 상기된 얼굴로 서 있는 엄마를 보는데 갑자기 웃음이 터졌다. 감색 모자가 있던 자리에 엄마를 설득하기 위해 고민하던 말들이 대신 놓였다.

"엄마, 거 봐. 모자는 낡지 못할 수도 있어."

여전히 음악을 듣지만 소0●

대단한 음악 마니아는 아니지만, 어릴 적부터 오랜 시간 피아노 레슨을 받아서인지 지금도 피아노 소리를 들으면 묘한 안정감을 느낀다. 해머가 현을 때릴 때 나는 둔탁한 소리는 나를 즉각 초등학교 시절로 되돌린다. 작은 방에 창문을 등지고 앉아 피아노 앞에서 하릴없이 시간을 보내던 시절. 나와 내 앞의 악기가 주어진 세계의 전부여서, 그저 어떻게 하면 연습을 하지 않고 무사히 레슨 시간을 넘길까만 골몰하던 시절.

레슨이 끝나면 선생님은 꼭 숙제를 내주곤 했다. 악보 위쪽에 작은 동그라미 열 개를 그려놓고 연습이 한 번 끝날 때마다 그 위에 작대기를 그리라는 것. 당연히 매번 작대기

열 개를 모두 그려 갔지만, 그것을 연습으로 채운 적은 돌이켜보건대 없었던 것 같다. 나는 한 번에 전부 그린 티가 나지 않도록 애서 힘 조절을 했다.

피아노 연습을 쓴 약을 삼키듯 했던 어린이가 레슨을 포기하지 않은 이유가 무엇인지는 지금도 잘 모른다. 다만 성인이 된 뒤에도 내가 한 번씩 피아노 앞으로 이끌리듯 되돌아가곤 했다는 사실만 기억난다. 지금은 집에 없는 피아노를 그리워하며.

언론고시를 준비하던 시기. 정확하진 않지만 스물일곱 살 즈음이었던 것 같다. 대학 동기들은 모두 취업에 성공하거나 대학원에 진학했고, 나만 취업준비생 신분으로 남아 하루하루를 흘려보내고 있었다. 이 길이 내 길이라는 확신도, 반드시 기자가 되고 말겠다는 열정도 없이 이곳저곳에서 시험을 보며 많이 불안했다. 그 시절 매주 수요일과 일요일이면 교회에 갔는데, 그건 할 일이 별로 없어서이기도 했고 내가 피아노 반주를 맡고 있어서이기도 했다. 예배가 없는 날이면 나는 교회 문을 열고 들어가 한쪽 끝에 놓인 피아노를 이리저리 눌러보며 시간을 보냈다. 피아노 반주자로 오래 봉사하며 얻은 특권이었다.

지금도 외워 부를 수 있다. <Lord, I need You>를 한국어로 바꾼 그 노래. 삶이라는 바다가 잔잔할 때나 바람이 거세게 불 때나 내게는 당신이 필요하다는 가사의 곡인데, 어느 수요 예배에서 이 곡에 맞춰 피아노를 치다가 나는 문자 그대로 엉엉 울고 말았다. 갑자기 눈물이 감당할 수 없을 만큼 터져 건반 위로 쏟아졌다. 우는 나를 보고 교인들이 동요하는 것이 느껴졌지만 도저히 고개를 들 용기가 나지 않았다.

가만한 나를, 어딘가가 아프다는 사실조차 자각하지 못하고 있는 나를 음악이 건드린다는 걸 그때 처음으로 깨달았다. 그리고 그렇게 건드려진 이후에는 조금 다른 마음으로 그 상황에서 걸어 나올 수 있다는 것도.

몇 년 전, 수영과 함께 클래식 공연을 보러 갔다. 꽤 유명한 오케스트라의 내한 공연이었고, 운 좋게 누군가의 초대를 받은 참이었다. 그날의 프로그램이 무엇이었는지, 지휘자가 누구였는지는 떠오르지 않지만 우리 둘 모두 정확히 기억하고 있는 것이 있다. 모든 연주자가 자리에 앉아 자기 악기의 목소리를 가다듬던 순간의 공기. 정돈되지 않은 소리들이 여기서 툭, 저기서 탁 섬광처럼 일었다가 마침내 지휘자가 신호를 주는 순간 우-우-웅 하고 한꺼번에 밀려오던 일. 그 박동의 현존. 누가 먼저랄 것도 없이 우리는 얼굴을 돌려 서로를 바라보았다. '지금 느꼈지? 내가 들은 것을 너도 들었지?' 우리 둘 눈에는 눈물이 그렁하게 고인 채였다.

최근에는 막스 리히터가 비발디의 사계를 리메이크한 곡 <Spring 1>이 내내 우리의 화젯거리였다. 겨울이 끝나고 봄이 찾아오면 만물은 태양 아래서 생동한다. 봄빛은 꼭 축복과 같아서 모든 것을 공평하게 자라게 한다. 그러나 성장이나 번영은 죽음과도 맞닿아 있는 법이어서, 그 끝에는 필연적으로 소멸이 예견돼 있다. 그러니까 삶과 죽음, 태어남과 스러짐, 계절의 순환이라는 그 도저한 반복에서 벗어날 수 있는 것은 어떤 것도 없다는 사실. 이 곡은 그것을 힘들이지 않고 이야기하고 있었다. 우리는 신나게 대화를 이어나가다가도 이 음악이 재생되는 순간 자주 입을 닫고 숙연해졌다. 음악은 다른 장르는 결코 할 수 없는 방식으로 우리를 위로했다.

그러나 음악을 사랑한다고 느끼면서도 어느 시점부터는 내 마음을 거기에 온전히 의탁할 수 없게 되었다. 음악이 본질적으로 위로와 맞닿아 있다는, 그 위로가 곧 다시 안주나 망각과 이어진다는 생각 때문이었다. 위로를 받은 사람은 자기 안을 추스르고 홀연히 다음을 향해 나아간다. 위로가 있어야 했던 처음의 이유는 잊은 채. 바깥은 달라지지 않았으나 이제 그의 안이 달라졌으므로. 그러니까 음악은 듣는 이의 마음을 달래고 어루만짐으로써 이전과 같은 방식으로 계속 살아가도록 하는 원동력인 셈이다.

수영과 함께 또 다른 공연을 보러갔던 날 연주회장을 빠져나오며 나누었던 이야기가 선명하다. 나는 "이 아름다운 음악이 어쩐지 지금 우리가 사는 세상에 아무 문제가 없다고 말하는 것 같다"고 했고, 수영 역시 거기에 동의했다. 치유로서의 음악이 사람들에게 이전과 다를 바 없는 삶을 지속하도록 용기를 주고 있다는 생각을 떨칠 수 없었다. 우리는 세계가 견고하게 다져진 채 봉인되었다는 기묘한 감각에 몸을 떨었다.

음악은 때때로 현상 유지에 복무한다. 세상을 향한 비판 의식을 녹이고, 현실을 변화시키고자 하는 욕망을 눌러앉힌다. 감미로운 선율로 기쁨을 안김으로써. 정신을 위무함으로써. 『음악 혐오』에서 파스칼 키냐르는 프리모 레비의 말에 동의를 표하며 음악은 생각을 없애고 고통을 완화하는 끊임없는 리듬의 최면 상태로, 영혼은 음악에 저항할 수 없다고 말한다. 여기에 클래식만큼 그것을 향유하는 사람과 향유하지 않는 사람 사이에 계급적 구분이 뚜렷한 음악이 있을까 하는 생각이 더해지자 머릿속은 한층 복잡해졌다(클래식을 좋아하는 많은 분들이 이 문제를 고민하는 것으로 알고 있다). 언제부턴가 클래식 공연을 보고 나서 감상을 적는 마음이 편치만은 않았던 것은 이 때문이다.

파스칼 키냐르처럼 음악을 혐오할 자신은, 없다. 그러나 음악을 사랑하느냐고 누군가 내게 묻는다면 순전한 애정을 담아 그렇노라고 답할 자신도 이제는 없는 것 같다. 모든 비판은 애정이 기반이라던데, 그렇다면 음악에 대한 나의 이 마음도 사랑일지.

카메라를 멈추면 안 돼*

수0●●

    고양이 '모리'가 산에 살던 시절, 우리는 2년을 꼬박 하루에 두 번씩 만났다. 눈만 마주쳐도 '하악질'을 하던 모리와 눈빛만으로 소통할 수 있게 되기까지 우리에겐 꽤 많은 일이 있었다. 모리가 내게 다정한 '탓'에 우리는 자주 동네 사람들의 구경거리가 됐다. 큰 머리와 매서운 눈매를 가진 야생 고양이가 품에 안겨 곤히 자면 사람들은 그냥 지나치지 못했고, 생각보다 많은 이들이 모리를 만져봐도 되냐고 물었다. 무심결에 다가오던 사람들은 모리가 눈을 치뜨고 입을 크게 벌리면 깜짝 놀라 뒷걸음쳤다. 하악질로도 막을 수 없는 건 사진을 찍는 사람들이었다. 카메라는 질문을 몰랐다.

인근에 사는 중년 남성은 어떻게 하면 나를 불편하게 만들까 매일 같이 골몰하는 모양새였다. 그는 "할 일 참 더럽게 없는" 나만큼이나 할 일이 없는지 단 하루도 그냥 지나치는 법이 없었다. 어느 날은 웬일로 말을 안 걸고 지나가나 했더니 멀찍이 서서 모리와 내 모습을 스마트폰 카메라로 찍고 있었다. 그의 손에 들린 스마트폰을 빼앗아 내동댕이쳐도 시원치 않을 상황에 나는 또 숨을 골랐다. 모리를 비롯한 고양이들이 그의 집 근처에 많이 살았다. 게다가 동네 유지라 따르는 사람이 많은 그를 등지는 건 동네 전체를 등지는 것이나 다름없었다. 물론 처음 있는 일은 아니었다. 사진 찍히는 건 예사고, 사람을 따르는 길고양이를 처음 본다며 "딸들에게 보여주게 포즈를 취해달라"던 사람도 있었으니까. 이런 일을 겪을 때마다 생각해보게 되는 건 고양이들의 기분이다. 사람들이 매일같이 카메라를 들이댈 때의 그들의 기분.

고양이를 발견하면 반사적으로 스마트폰부터 꺼내 드는 사람을 자주 본다. 사람을 경계하는 고양이가 자리를 피하면 기어코 따라가 사진을 찍는 경우도. 입 옆으로 길게 내려온 침과 엉켜버린 털은 보이지도 않는지, '후디'가 꼬리를 치며 불편한 기색을 드러 내도 개의치 않던 사람들. 아픈 후디를 기어이 화단 바깥으로 몰아낸 것도, 찌는 더위를 피해 쉬고 있던 '아리'를 그늘 밖으로 내몬 것도 언제나 카메라였다.

    동기들 영화에 스태프로 참여하던 때에도 이런 일은 자주 있었다. 고양이가 지나가거나 새가 날아와 앉으면 일단 찍어놓고 보자는 식이었다. 이유는 하나. 편집할 때 필요하면 쓰려고. 지나가는 존재가 사람이었대도 그렇게 말할 수 있었을까? "동물에게는 동의를 구할 수 없잖아." 그래서. 동의를 구할 수조차 없어서 우리는 동물들을 찍을 때 더 엄격해야 한다.

    동의하고 시작한 촬영이라고 해서 다 괜찮은 건 아니었다. 나는 몇 년 전까지 찍히는 일을 하면서 돈을 벌었다. 유명세가 없었기 때문에 작품을 고를 여유 같은 건 당연히 없었고, 문제될 이야기만 아니면 일단 기회로 여겨야 했다. 출연할 작품을 고를 기회가 주어진다고 문제가 해결되느냐 하면 그것도 아니었다. 영상 예술이 필연적으로 거쳐야 하는 편집 과정 때문에. 내 표정과 표정 사이에 어떤 쇼트가 삽입될 수 있는지 시나리오만 읽어서는 결코 알 수가 없다. 설령 내가 흘린 눈물이 여성을 대상화하는 장면으로 둔갑한다 하더라도 그 사실은 이미 문제적 장면에 갇힌 뒤에나 알 수 있었다. 한번 갇힌 피사체는 프레임 바깥으로 나갈 수 없으니까.

찍히는 과정에서 겪었던 불편함을 (내가 영화를) 찍으면서 해소해보고 싶다는 바람도 있었다. 그러기 위해선 되도록 많은 시간을 배우들과 대화하는 데 할애해야 했다. 배우에게 시나리오에 대한 생각을 듣는 일은 매우 중요하다. 내가 영화를 통해서 전달하려는 메시지를 배우가 온전히 납득한 뒤에 촬영을 시작해야만, 편집 과정에서 이런저런 변화가 생기더라도 처음 제시한 이야기 이상으로 그들을 착취하지 않을 수 있다. 물론 시도해본 결과 이것도 완벽한 대안은 될 수 없었다. 비슷한 가치관을 공유하는 사람을 만나는 건 쉽지 않았고, 등장인물이 많은 경우라면 더 그랬다.

그러니까 지금껏 네 편의 단편 영화를 연출하면서 명확해진 건 아이러니하게도, 카메라를 들고 타자를 착취하지 않는 건 불가능에 가깝다는 것이다. 그렇다면 해결책은 정말로 아무것도 안 찍는 것뿐일까?

이 글을 쓰기 전에도 산에 다녀왔다. 산을 오르내리는 그 짧은 사이에도 나는 사진을 찍고 싶은 충동을 여러 번 느꼈다. 거미줄에 맺힌 빗방울, 바위 한쪽을 뒤덮은 축축한 이끼, 도토리를 닮은 버섯과 너구리가 한 입 베어 먹고 내던진 감들을. 하지만 찍기 전에 먼저 생각해야 한다. 무엇을 위해서, 왜 찍으려 하는지.

나무에 어른거리는 볕을 보곤 또 반사적으로 카메라를 꺼내 들었다. 그런데 그 순간 개미가 프레임 안으로 걸어 들어왔다. 그의 등장이 반가워 카메라를 들고 한참을 서 있다가 생각했다. 개미가 프레임 바깥으로 무사히 나갈 때까지 기다려야겠다고. 자신도 모르는 사이 프레임 안에 갇혀버린 생명을 위해 내가 할 수 있는 일을 찾아야 한다.

카메라를 멈추지 말 것!

---

*우에다 신이치로 감독의 영화 〈카메라를 멈추면 안 돼〉의 제목을 따왔다.

보고 싶다 보고 싶지 않다 소O

무언가를 사진 찍는 것이 대상을 어떤 식으로든 고정시켜 소유하려는 행위라면, 그 기저에는 보고 싶다는 욕망이 깔려 있을 것이다. 수영과 나는 탐조 활동의 어떤 측면이 이런 욕망과 맞닿아 있다고 생각한다. 동물을 좋아하는 많은 사람이 새들이 서식지에서 사라져가는 것을 안타까워하며 탐조 활동에 참여한다. 이중에는 동물권과 환경, 생태 문제에 깊은 관심을 가진 이도 적지 않다.[9] 그러나 새들을 보호하는 일에, 왜 인간이 그들을 관찰하는 과정이 포함

[9] 이 글을 쓰는 것이 조심스러운 이유도 여기에 있다. 탐조 활동을 하는 많은 사람이 동물의 생명과 삶의 질에 실제로 마음을 쓴다. 이 글이 그들을 비난하기 위한 것이 결코 아님을 미리 밝혀두고 싶다. 나는 우리가 조금 더 멀리까지 나아가기를 바란다.

되는지 우리로서는 잘 이해되지 않는다.

새들의 터전을 지키고 그들이 본래 형태에 가까운 삶을 유지할 수 있도록 '연구'가 필요하다는 데는 물론 동의한다. 새들이 원하는 것과 생활하는 방식을 모르고 그들을 위할 수는 없으니까. 그러나 평범한 보통 사람이 새를 보는 일은 주로 그들의 '희귀한' 겉모습에 감탄하며 아름다움을 느끼는 과정으로 이루어져 있다. (비둘기나 참새처럼 흔한 새가 탐조의 대상이 되는 일은 없다.) 그들의 생김새를 눈으로 보며 경이를 느끼는 것과 그들을 보호해야 한다는 당위 사이에 어떤 연결고리가 있는 걸까?

탐조를 장려하는 활동가들은 새들의 아름다움을 알리는 일이 환경 문제에 대한 경각심을 일깨우는 데 필수적이라고 믿는 듯하다. 물론 도움이 된다. 이렇게나 소중한 존재들이 지구상에서 언제고 사라질 수 있다는 사실, 머지않아 자취를 감출지도 모른다는 사실은 사람들의 마음을 움직일 수 있다. (탐조 활동이 실제로 새와 새가 사는 환경을 보호하려는 운동으로 이어지는 경우도 있다.)

그러나 그것은 한편으로 인간 중심적인 생각이기도 하다. 누군가를 보호하는 이유가 그의 생김새나 개체수에 있을 수는 없으며, 새의 아름다움을 구체적으로 알지 못해도 우리는 이미 그들 역시 이 행성에 속한 존재임을 인지하고 있으니까. 그러니 새 입장에서 인간이 자신을 훑는 시선은 탐닉 혹은 종간 대상화에 지나지 않을 것이다. 이런 맥락에서 탐조란 새의 존재를 인간의 방식대로 해석하고 규정하는 일방적인 몸짓일 뿐이다.

프랑스 역사가 미셸 드 세르토는 '도시를 보려는 의지는 그 의지를 충족시켜줄 방법들에 선행한다'고 말한다. 중세와 르네상스기 그림들이 그 당시에는 존재하지 않았던 원근법을 예비했다는 것이다. 그는 "이 그림들이 도시를 높은 하늘에서 바라보는 것을 발명했고, … 이것이 가능하게 해준 도시의 파노라마도 동시에 발명했다"고 말했다. 이러한 기술의 절차들이 '전지적 시선의 권력'을 조직했다는 것이다.

무언가를 보려는 의지가 있을 때 인간은 그 의지를 어떤 식으로든 실현하기 위해 수단과 방법을 가리지 않는다. 먼 거리를 이동함으로써 공간의 제약을 뛰어넘고, 전에 없던 도구를 발명해냄으로써 목표를 달성한다. 나는 인간의 이런 면이 위대한 동시에 징글징글하다고 느낀다.

새를 가까이에서 보려는 의지 역시 다양한 것을 실제로 만들어냈다. 새의 몸을 구석구석 살펴볼 수 있게 하는 망원경, 어디에 가면 어떤 새를 볼 수 있는지 알려주는 지도책, 그리고 그들을 맞닥뜨릴 수 있도록 주도면밀하게 설계한 여행 상품까지.

현대 사회에서 보는 것이란 소유욕과 연결되는데, 이는 본 것이 곧 경험 자산이 되기 때문이다. 사람들은 이국의 땅이나 특이한 공간을 여행하며 목격한 것들을 사진이나 동영상의 형태로 저장한다. 이때 드물고 희귀한 것을 많이 본 사람은 값비싼 경험 자산을 소유한 셈이 된다. 2022년, 경향신문에는 이런 기사가 실렸다. <가장 많은 새를 관찰해야 우승하는 탐조 대회… 올해는 새가 눈에 띄게 적은 이유>[10]. 24시간 동안 새를 가장 많이 본 팀이 우승하는 행사였다.

동물을 보는 것 역시 다르지 않은데, 일상적인 환경에서라면 만날 수 없을 동물을 '실제로' 보고 싶어 하고, 보고 온 사람들을 부러워하는 심리가 그것이다. 그런 욕망을 쉽게 충족하게 해주는 곳이 있으니 바로 동물원이다. 말하자면 탐조 활동에 참여하는 사람의 심리는 동물원에 가는 사람의 그것과 본질적으로는 다르지 않은 셈이다. (탐조인 사이의 흔하고 무해한 대화를 아주 조금만 변형해보자. '새'의 자리에 '여자'를 넣으면 대화의 풍경은 한순간에 달라진다.)

새를 관찰하는 문화가 18세기 이후 유럽에서 시작되었

---

10) 2022년 5월 2일자 기사, 경향신문

다는 것은 탐조의 추동력이 근대적 욕망에 있다는 것을 증명한다. 철학자 서동욱은 『타자철학』에서 "모르는 것을 그냥 놔두고는 못 견디는 것이 바로 근대 학문의 정신"[11]이라고 말한 바 있다. 연장선상에서 근대적 주체란 '알려지지 않고 밖에 남아 있는 것을 두고 보지 못하는' 존재다.

보고 싶은 것은 직접 보아야 하고, 원하는 곳은 내 발로 탐험해야 하며, 경험한 것은 직간접적으로 모조리 소유해야 하는 근대적 욕망… 우리는 이것이 탐조의 밑바닥에 깔린 욕망이라고 생각한다.

---

11) 서동욱 지음, 『타자철학』, 29쪽, 반비

자매
일기

닫는 글

수0●●

영화 <트라이얼 오브 더 시카고 7>을 보고 나오면서 박소영이 말했다. '톰 헤이든(에디 레드메인)'과 '애비 호프먼(사샤 배런 코언)'이 다투는 장면에서 우리 모습을 봤다고.

비폭력 반전 시위를 위해 모인 인물 중 유독 저 둘은 자주 충돌했는데, 목표는 같지만 이루고자 하는 방식이 전혀 달랐던 게 이유다. 아주 짧게 요약하자면, 톰은 이성적이고 애비는 감성적이다. 톰이 목적 달성을 위해 법과 원칙을 지켜 일단 선거에서 이겨야 한다고 외치면, 애비는 법과 원칙 자체에 문제가 있다는 걸 (다소 우스꽝스러운 방식으로라도) 알리는 게 먼저라고 맞섰다.

틈만 나면 논쟁을 벌이던 두 사람은 결국 자신들의 다

름에서 해답을 찾아낸다. 그러고는 각자가 가장 잘하는 방식으로 불합리한 재판에 성숙하게 대응한다.

박소영이 영화에서 발견한 우리의 모습도 이런 것 아니었을까. 박소영은 약자의 삶이 나아지려면 (그 과정에서 다소간 희생이 있더라도) 반드시 법과 제도를 개선해야 하며, 그것이 더 큰 희생을 막는 최선의 방법이라고 말했다. 나는 위기의 생명을 하나라도 더 돕는 것이 먼저라 여기는 쪽이었고. 물론 영화 속 인물에 맞춰 우리를 극단적으로 나누자면 그렇다는 것이다.

변화는 늘 그렇듯 두 가지를 병행할 때 가장 빠르게 찾아오겠지만, 한 사람이 두 가지를 모두 잘 해내는 건 쉽지 않은 일이다. 나는 이럴 때 『둘의 힘』이라는 책의 제목을 떠올린다. 박소영이 할 수 있는 일은 박소영에게 맡기고 내가 할 수 있는 일을 가만히 해내는 것. 우리는 불안정한 유년기를 둘의 힘으로 버텨냈고, 그것은 동물 구호 활동에 매진하고 있는 지금도 우리를 나아가게 하는 동력이다.

이 책을 쓰는 동안 박소영은 종종 본인의 글이 분석적이기만 한 것 같아 고민이라고 했다. 나는 내가 쓴 글이 너무 사소하고 감정적인 것 같아 고민이었다. 그렇다고 달리 쓸 방법이 있는 것도 아니어서 우리는 각자 생긴 모양대로 계속 썼다. 이 책이 이성과 감성(!)이 고루 담긴 한 권이 될 수도 있겠다는 생각을 한 건 완성된 원고를 하나씩 겹쳐놓고 난 뒤였다.

다르다는 건 얼마나 다행스러운 일인가!

우리의 다름으로 완성한 이 이야기가, 읽는 이의 다름과 만나 더 견고해지기를 바란다.

- 2024년 봄, 박수영

추천의
말

금정연 (『한밤의 읽기』 작가)

 이 책의 추천사를 쓰기로 한 다음에야 내가 이 책에 추천사를 쓸 자격이 없다는 사실을 깨달았다. 굳이 그 이유를 시시콜콜 늘어놓을 필요는 없을 것이다. 다만 나는 박소영과 박수영의 『자매일기』를 읽으며 내가 얻은 배움에 대해 말할 생각이다. 너무 쉽게 절망하는 날들이 있다. 정확하게 말하면, 언제부턴가 세상은 바뀌지 않고 내가 할 수 있는 건 아무것도 없다며 빠르게 절망하는 내가 있었다. 절망은 어렵지 않다. 절망은 편리하고 때론 달콤하기까지 하다. 그런데 그들은 왜 절망하지 않는가? 사랑하기 때문이다. 고양이를 사랑하게 되면서 스스로를 사랑하는 방법을 배웠다고 고백하는 자매에게는 지켜야 할 존재가 있다. "지키고 싶은 존재가 있는 사람은 그럴 수 없다." 책을 읽는 내내 나는 내가 가진 사랑을 돌아보았고, 그것이 전혀 충분하지 않다는 사실을 알았다. 사랑은 아무리 많아도 모자라다는 당연한 사실을 이제야 깨달은 것이다. "미워하는 것만큼 쉬운 게 없는" 세상에서 그들은 묵묵히 자신들의 일을 한다. 세상을 바꾸지 않고 자신만 바꾸는 위안을 거부하며 사랑을 멈추지 않는다. 그것은 고양이를 살리는 일이고, 세상을 살리는 일이며, 무엇보다 자기 자신을 살리는 일일 것이다. 나는 이 문장에 깔려 있는 어떤 위계를 생각한다. 은연중에 고양이보다 세상이, 세상보다는 나 자신이 중요하다는 듯이 말하고 마는 스스로의 한계에 대해서. 동시에 그런 자신에게 실망하는 대신 바로 거기에서 시작하겠노라고 다짐한다. 그것이 내가 『자매일기』를 읽으며 배운 것이다.

김보라 (<벌새> 영화감독)

인간 중심의 사회에서 우리는 계속해서 어떤 형태의 '죽음'에 참여한다. 모두가 더 커지려다 황폐해진 이 땅에서, "되도록 작게 존재하고 싶다"는 작가의 말은 우리가 잃어버린 무언가와 비로소 만나게 한다. 그것은 작아짐으로써 세계에 진실로 속하게 되는 연결감이다. 『자매일기』를 읽으며 다채로운 감각으로 세상과 만나는 아름다움을 느꼈다. 온몸이 흥건해질 정도의 더위 속에서도 에어컨을 덜 틀고 느끼는 감각, 한구석에 가만히 서서 느끼는 감각, 지키고 싶은 존재를 위해 싸우며 느끼는 감각, 오해했던 사람들과 우연히 이어지는 그 벅찬 감각 모두를. 책 속의 시선과 감각을 경험하며 마음속에 뜨거운 무언가가 차오른다. 작가는 이 행성에 "최소한의 흔적"만 남기길 바랐지만, 두 사람이 쌓은 사유의 흔적은 오래도록 남을 것 같다. 세계에 미세한 변화를 일으키며.

하재영 (『친애하는 나의 집에게』 작가)

　박소영 작가의 첫 책 『살리는 일』을 아끼는 독자로서 언젠가는 박소영·박수영 작가의 공동 작업물을 만날 수 있으리라 기대했다. 나의 상상 속에서 그것은 용감하지만 상처 가득한 이들의 이야기였으나, 이 책은 더 사랑하기에 더 아파하는 자매의 일상이 슬프고 고달프기만 하지 않다는 것을, 때로는 독자를 깔깔 웃게 할 만큼 유쾌하다는 것을 보여준다. 이들은 세상이 규정한 것을 새롭게 정의하고, 자신들의 가치와 맞지 않는 요구를 조용하지만 단호하게 거부하는 사람들이다. 절실하게 지키고 싶은 존재가 있기에 매순간 더 단단해지는 사람들이다. "존재론적 미니멀리즘"을 추구하는 두 사람이 각자의 방식으로 통과하고 있는 삶의 과정은 나의 앎을 부수고 다시 쌓았다. 둘의 이야기는 넓은 의미에서 '자매애란 무엇인가?'를 묻게 하며, 나아가 인간과 비인간을 아우르는 '다양한 타자의 자매로 존재하는 것은 어떤 의미인가?'를 사유하게 한다. 자신들의 세계를 한없이 넓혀가는 두 사람의 이야기는 끝내 읽는 사람의 세계까지 확장시키고 만다. "쉽게 미워하기보다 어렵게 사랑하는" 모든 이들에게 이 책을 추천한다.

홍은전 (『그냥, 사람』 작가)

 몇 해 전 여름 고등학생 대상 인문학 캠프에서 박소영을 처음 만났다. 소영과 나를 포함한 작가 네 명은 낯선 도시에서 어색하게 첫인사를 나누자마자 곧바로 백여 명의 청소년들 앞에 앉아 질문을 받게 되었다. 내가 쓴 책은 장애인들이 많이 나오는 인권 에세이 『그냥, 사람』이었고 박소영의 책은 개와 고양이로 가득한 동물권 에세이 『살리는 일』이었다. 나는 꼭 인기투표 후보라도 된 것마냥 불안했다. 한 학생이 보건복지부 장관 같은 얼굴로 내게 던진 첫 질문은 "한국 사회복지의 가장 큰 문제점은 뭐라고 생각하시나요?"였다. 아… 나는 내가 꼴찌임을 직감했다. 그때 했던 대답은 잊었지만 어떻게든 최대한 명랑해보이고 싶어서 진땀을 뺀 기억만은 생생하다.

 반면 한 학생이 강아지 같은 얼굴로 소영에게 던진 첫 질문은 "개가 귀여워요? 고양이가 귀여워요?"였다. 학생들은 당장 '개파'와 '고양이파'로 나눠 토론이라도 할 것처럼 신이 난 표정이었다. 진심으로 부러웠다. 일등은 떼어놓은 당상이었다. 하지만 그는 썩 기쁜 것 같지 않았다. 낮은 목소리로 "우리가 하나의 다른 종을 귀엽다고 여기는 마음에 어떤 위계가 있는 것은 아닌지 생각해봐야 한다"며

부드럽고 단호하게 말한 것이다. 마치 그런 인기라면 사양하겠다는 듯. 그의 진심이 모두를 긴장시켰던 그 순간, 슬그머니 웃음이 났다. 어쩐지 저 사람은 믿어도 좋겠다는 생각과 함께.

『살리는 일』이 박소영이 동물 구호 활동을 하며 겪은 일과 감정들을 실은 책이라면 『자매일기』는 그로부터 좀 더 확장된 이야기를 그의 동지이자 동생 박수영과 함께 쓴 것이다. 길고양이를 돌보는 자매는 준 밥을 고양이가 다 먹는 동안 그 곁에서 주변을 경계하고 살핀다. 뭉클하면서도 위태로운 그 시간 동안 길 위에서 바라보는 세상은 전과 같을 수 없다. 무엇을 '본다'는 건 어떻게 '산다'는 것과 같아서, 이 책은 길 위의 동물을 만나 이전과 같은 방식으로는 살아갈 수 없게 된 자매의 이야기다.

동물에 대한 이야기일 거라 기대했지만 인간과 세상에 대한 이야기다. 점점 뜨거워지는 지구에 대한 죄책감과 책임감, 여성과 아픈 몸에 대한 억압, 위계에 의한 폭력과 저항, 길 위의 노동자들에게 가졌던 편견과 반성, 세상엔 아무런 문제가 없다고 말하는 것 같은 예술에 대한 회의, 그리고 "대지에 말뚝을 박고 이 땅은 내 것이라고 외친 사기꾼"들이 만든 문명에 대한 깊은 분노까지…. 책을 읽으며 처음엔 두 사람이 썼다는 사실을 자주 잊었지만 점점 누가 소영이고 누가 수영인지 구별할 수 있게 되었다. 한 번도 본 적 없는 장면 속으로 빨려 들어간 듯 느껴지면 수영의 글 속이었고, 분명 익숙한 상황인데 한 번도 해보지 않았던 질문을 품게 되었다면 소영의 글을 통과하는 중이었다. 조금 쫄았다면 소영의 글이고 피식 웃게 된다면 수영의 글이다. 이렇듯 비효율적이고 아름답고 위험한 세계를 오롯이 공유한 자매 사이가 가능하다니 믿어지지 않는다.

두 여자가 '낡은 옷차림에 창백한 얼굴로' 밤마다 길고양이들의 자리를 찾아 밥을 놓는 장면을 상상하면 영화 <존 오브 인터레스트>가 떠오른다. 아우슈비츠 수용소와 담장 하나를 사이에 둔 수용소 소장 가족의 사택이 주요 무대인 이 영화는 시종 평화롭고 평범하기 그지없다. 담장 너머에선 하루에 수천 명의 몸을 소각하느라 시커먼 연기가 쉼 없이 치솟아 올라도 '이곳'의 정원은 햇살이 눈부시고 아이들의 웃음소리가 가득하다.

이 무감각이 만든 낙원에 밤마다 유령처럼 숨어드는 소녀가 있다. 소녀는 나치의 눈을 피해 어딘가에 몰래 사과를 숨겨두는데, 다음 날 외부로 노역 나온 유대인들이 그것을 먹고 조금이나마 배고픔을 채우길 바라는 것이다. 소녀와 자매의 밤이 겹쳐 보이는 이유는 무엇보다 그들이

'이쪽'과 '저쪽'을 가르는 담장에 대해 깊이 사유하는 자들이기 때문이다. 지금 우리 사회 담장 너머에 있는 존재들 중 가장 차별받는 자들은 그 누구도 아닌 동물이고, 가장 저평가된 존재가 있다면 바로 길고양이 돌보미들일 것이다. 오늘 밤에도 자매는 어김없이 사람들의 눈을 피해 집을 나설 것이다. '살리는 일'로서 가장 구체적 희망을 실천할 것이다.

자매
일기

ⓒ 박소영, 박수영, 2024

초판 1쇄 발행 2024년 8월 30일
초판 4쇄 발행 2025년 6월 27일

지은이　박소영, 박수영
펴낸이　박정민

디자인　studio gomin
교정교열　이가현
제작처　다보아이앤씨

펴낸곳　출판사 무제
등록번호　제2019-000294호
주소　03965 서울특별시 마포구 성산로2길 21-30, 예지빌딩 404호
이메일　muzepublish@gmail.com
대표전화　02-3144-2537　팩스　02-3144-2532
인스타그램　@muzebooks

isbn　979-11-972219-0-3　03810

· 이 책은 저작권법에 따라 보호를 받는 저작물이므로 무단 전재와 무단 복제를 금합니다.
　이 책의 전부 또는 일부를 이용하려면 반드시 저자와 출판사 무제의 동의를 받아야 합니다.
· 잘못된 책은 구입하신 서점에서 바꾸어드립니다.
· 이 책에 인용된 글들은 저작권자에게 허락을 받고 싣거나, 허락을 구했으나 답변이 없는 경우
　출처를 밝히고 실었습니다. 이와 관련해 문의사항이 있으시면 출판사로 연락해주시기 바랍니다.